复盘

运营策略

李方毅◎著

中国纺织出版社
国家一级出版社
全国百佳图书出版单位

内 容 提 要

《运营策略复盘》一书收集的文章，曾在一个名为“毅见”的公众号上发布，是作者“日常的专业修行”笔记，没有长篇大论，但理论非常精辟。

调研对于策划项目是重要的作业基础。正式的调研固然重要，但在“职业敏感”驱动下日常调研，则同样会对作业大有益处，会让人做出基于常识的策略识别。

图书在版编目（CIP）数据

运营策略复盘 / 李方毅著 . -- 北京：中国纺织出版社，2019. 4

ISBN 978-7-5180-6000-9

Ⅰ. ①运… Ⅱ. ①李… Ⅲ. ①营销策划 Ⅳ. ①F713.50

中国版本图书馆 CIP 数据核字（2019）第 049417 号

策划编辑：陈希尔　　　　责任印制：储志伟

中国纺织出版社出版发行
地址：北京市朝阳区百子湾东里A407号楼　邮政编码：100124
销售电话：010—67004422　传真：010—87155801
http：// www.c-textilep.com
E-mail：faxing@c-textilep.com
中国纺织出版社天猫旗舰店
官方微博http：// weibo.com / 2119887771
天津千鹤文化传播有限公司印刷　各地新华书店经销
2019年 4月第 1 版第 1 次印刷
开本：710×1000　1 / 16　印张：15
字数：180千字　定价：45.00元

自序

碎片化时代，修行在日常

以严肃心，闲谈专业。

作为职业策划人，“职业敏感”是一项基本修养，就是对所见所闻，能从策划专业角度去分析、解读、判断。

调研对于策划项目是重要的作业基础。正式的调研固然重要，但在“职业敏感”驱动下日常调研，则同样会对作业大有益处，会让人做出基于常识的策略识别。

这本书收集的文章，曾在一个名为“毅见”的公众号上发布，是我“日常的专业修行”笔记，没有高深理论，也没有长篇大论，只是想做有趣的“功课”，自己开心，也让读者愉悦。

广告、品牌、公关、营销、管理咨询、文化创意……这些曾经界限分明的专业，在“IP”时代已经跨界融合，单项的专业完成不了数字化环境下的传播任务，而不同行业的跨界融合也在不断催生“新物种”。这些专业的边界越来越模糊，如果将其视为一项“大专业”，我认为可以称之为“文化创意”专业。

“世事洞明皆学问，人情练达即文章。”我一向崇尚专业，但也不喜欢无趣的专业表达。而且，任何专业都不能孤立存在，都是社会生态体系的有机组成部分，专业上的进阶，在于从社会、从生活中汲取养分——这就是策划人的日常修行。

修行在日常，感悟修行的乐趣。

李方毅

2018 年 7 月于济南

目　录

消费者不是专家。专业人士常常讲这句话，但做起来往往将这句话抛在脑后。

目录

企业文化，就是在企业中做事的习惯方式。

欣赏，品味，思考，专业的修行在平常。

第一章　品牌

无数品牌专家研究出一个无趣的结论：
消费者拥有品牌。

1. 用“小名”为品牌加冕

“小名”是中国蛮有意思的民俗文化。民间流传的习俗认为，小名越粗贱，孩子越好养活，小名越俗越吉利。这个说法，大概与古代医疗条件有限、新生儿存活率低有关系。

古代男人行冠礼以后，就有正规的字、号，再叫“小名”就不合适了，比如春秋时的晋成公，《国语》记载“其母梦神规其臀以墨”，小名“黑臀”，当了国君，谁再叫“黑臀”试试，那是不想活了吧。曹操的小名知名度很高——阿瞒，有点骂街的意思。连有些人打赌起誓，也会说“谁说瞎话，骂他小名！”可见，在人际交往中，小名除了在“家庭圈”“朋友圈”之外，慎用为好。

但是，品牌却不一样。当一个品牌在客户这一端有了约定俗成的“小名”，就无异于成功加冕了。

品牌的“小名”来自于客户的深度体验。通过深度体验、重复购买，使客户对品牌建立了一定的忠诚度。在这个过程中，品牌的某一功能、某一特征、某一缩略称呼、某一拟人化形象等，都可能成为方便呼叫的“小名”。

品牌的“小名”来自于消费场景。在品牌定位的方法中，有一种“情景定位法”，就是试图让消费者记住：在这种场景下，选择这个品牌最恰当。大多数品牌的“小名”，来自于消费情境下的创意灵感激荡。久而久之，在固定的消费场景，就会出现“指名购买”，这个名，大多时候是“小名”。比如燕京啤酒中的“普京”，牛栏山小瓶二锅头叫“牛二”，青岛啤酒中的“大优”，等等。

品牌的“小名”来自于社群之间的分享。互联网时代的社群化，让“人以群分”得以真正实现。以网络词汇为例，某个社群的词语流布于网络世界时，很多人会一头雾水，直到发动搜索引擎才能找到出处。社群内分享开来，使得某一“小名”得以病毒式扩散，成为某个族群共同的“昵称”“爱称”“专宠称”，“死了都要爱”的那种。

品牌的“小名”来自于娱乐精神。窥探、评价、娱乐……这些都是人的本性，娱乐可能是最深层次的需求。在一定的消费场景、娱乐精神激发下，某个“段子手”的创作，可能就会引发一群人的共鸣，于是，就可能催生出一个口耳相传的“小名”。这个“小名”，于是就成为沟通交流的媒介，给消费者带来愉悦的感受，也成为某个族群的标签。

总结一下，品牌的“小名”出现方式大体有两个：一是消费者自发命名，二是品牌管理者命名。

一是消费者命名。这个过程会比较长，消费者通过深度体验、忠诚消费、娱乐分享，会形成一个来自于消费者的“小名”。这种方式的好处，就是人们常说的“金杯银杯不如客户的口碑”，一旦建立起口碑，就比较坚固，品牌转换成本高。这种情况，属于“消费者倒逼式”，在消费者端已经叫开并广为接受的“小名”，品牌管理者只能接受并应用之。总之，这种方式太被动，须知被消费者喊起一个“小名”来颇费周章，耗时较长，还是传统路子。

二是品牌管理者命名。在推出一个品牌时，品牌管理者对消费者群体有较为深入的研究，对消费需求有洞察，提前策划给出一个“小名”加以引导，去号召同道聚于麾下，这种方式算得上一种捷径。但是，如何“植入”品牌并在特定情境下使消费者与之“发生互动”？这是值得每个品牌管理者思考的问题，也是“小名”接受度高低的关键所在。

品牌管理者们，除了无奈地让消费者给你的品牌一个“小名”之外，更好的办法应该是为你的品牌策划一个消费者喜欢的“小名”并直接推送给他们。无数品牌专家研究出的结论：消费者拥有品牌。

2. “仪式感”加持品牌

有人评价秦亡，认为“秦之亡，亡于赵高，实亡于叔孙通一言”。这个叔孙通“博士”，大概算得上“择明主而事”的光辉典范。叔孙通的一言，为伟大的汉语留下一个成语：不足挂齿。

秦二世胡亥听说陈胜、吴广造反，召集大臣询问“计将安出”，这个叔孙通说：“皇帝陛下，谁敢造大秦帝国的反？不足挂齿！那都是没影的事，去查查谁在造谣，把造谣者抓起来法办！”胡亥听了很开心，重重赏赐了叔孙通。

出了皇宫，叔孙通知道说瞎话后果很严重，终究“纸里包不住火”，就三十六计——走为上策。此后，叔孙通一路择明主而事，比较有名的明主有项羽、刘邦。刘邦取得“革命”胜利后，一帮“开国元勋”在朝堂上不太严肃，喝点酒就要酒疯，跟皇帝称兄道弟。叔孙通一看，这个可不行，回老家招了一批儒生，来制定朝堂礼仪。制定完毕，按照叔孙通“团队”的方案，正式实施，可把刘邦乐坏了，感叹道：“吾今日始知皇帝之贵！”

叔孙通“博士”，实际上深谙品牌塑造之道：用“仪式感”加持品牌。

品牌的价值，在于超越实用功能的精神感受，即品牌文化。文化这个概念很抽象，很宽泛，很多说不清道不明的东西都可以叫文化。作为品牌研究与实践者，我一度是“品牌故事论”的拥趸，致力于创作与传播品牌故事，比如，为中国软体家具领军品牌撰写了《软实力是如何炼成的》一书，成为家具行业品牌故事的经典之作。

品牌就是讲故事吗？讲故事是最佳的传播手段，但为什么讲故事、如何讲故事？经过长期的实践探索，我认为，品牌文化与消费者之间的深层次沟通中，讲故事是初级阶段，终极目标是建立“仪式感”。

关于品牌，有很多不同的定义。我的定义，从营销角度来看，品牌就是关于消费的“拜物教”。每个宗教派别，都有自己的仪式规程，信众被“仪式感”带入特定情境，而获得心灵的归属感，建立起彼此之间牢固的关系。“拜物教”也是如此，消费者在特定的消费场景中，通过一定的仪式，来实现对品牌的归属感，以及人与品牌的深度沟通。

纪录片《寻味顺德》中，讲了一个只做“煲仔饭”的小店的故事。来这个店吃煲仔饭的人，如果不按照老板的仪式规程来吃，会受到“训斥”并得到老板的指点，必须按照他制定的顺序来吃才行。很多人会慕名来小店，接受老板的“训斥”，来吃一餐“真正的煲仔饭”，完成一次对煲仔饭的“朝圣”，并因此口碑相传。

品牌的支撑是文化，文化的支撑是“仪式感”，“仪式感”使文化变得可以触摸、可以感知，不再空洞与抽象。正是因为有“仪式感”，刘邦才感叹当皇帝太爽了，也正是这种“仪式感”，吃煲仔饭的顾客才乐见老板的“训斥”。

作为品牌管理者，应该考虑如何塑造品牌“仪式感”的问题，来一场“场景革命”，建立起消费者与品牌的宗教一般的关系，用“仪式感”加持品牌。

3. 轮胎有“吃心”

《米其林红色指南·上海》的正式发布，这意味着中国有了正宗的米其林餐厅，在此之前，各种自封的“米其林餐厅”“米其林厨师”统统自动归类为“山寨版”。

米其林是百年轮胎品牌，那个叫“必比登”的“米其林轮胎人”也是大众所熟悉的形象，资深“吃货”也知道米其林餐厅在全球的权威性。但对于大多数人来讲，米其林轮胎与米其林餐厅是啥关系，却所知甚少。

1900 年，米其林轮胎的创办人出版了一本《米其林红色指南》，为旅客在旅途中选择餐厅作参考，还附有旅行路线、旅游景点、加油站、汽修厂等内容，算是增值服务项目，就像咱们去加油站加油时，人家赠你一张地图一样。

1926 年，《米其林红色指南》开始用星号来标记餐厅的优良等级，米其林星级餐厅正式诞生，并建立起公信力与权威性，被称为欧洲的“美食圣经”。

《米其林红色指南》的诞生，按照其属性和用途，充其量就是一本 DM 直投杂志，经过一百多年的变形记，成为一个跨界的行业评判标准，可称得上是“功夫在诗外”了。

《米其林红色指南》来到中国，第一站发布了上海的米其林餐厅名单，一颗星是“值得去造访的餐厅”，在同类中特别优秀；两颗星是“厨艺非常高明的餐厅”，值得绕远路去造访；三颗星是“值得特别安排一趟旅行”去造访的餐厅，有着令人永志不忘的美味。可以想见，上海的这些米其林餐厅，将会吸引更多美食客前来寻味。

在做《米其林红色指南》之初，他们或许只是为驾乘者提供资讯上的便利，就这么一年年做下来，米其林成了百年轮胎品牌，其餐厅评价却也成了全球顶级行业标准，这就是“跨界”，而且是成功的。

物质匮乏时代，消费者追着产品走，有什么买什么，还不一定买到手；物质丰富时代，消费者认牌子，买牌子；物质过剩时代，消费者认体验，买文化。很多人认为，从工厂出来的就是成品了，殊不知，如果缺失了服务与文化，其本质上是“半成品”。在“打造百年品牌”“品牌兴国”的大时代，我们不希望这些成为一场“运动口号”，我们应该看看米其林这些“百年老店”们，做轮胎的若无百年为驾乘者服务的“吃心”，若无百年坚守的“痴心”，如何成就跨界的百年品牌？

三流企业做产品，二流企业做品牌，一流企业做标准。《米其林红色指南》在上海的发布，说明白了这个道理。

4.“品牌日”里有忧思

2017 年 5 月 10 日，是一个值得铭记的日子，中国第一个国家“品牌日”诞生了。作为一个职业品牌策划工作者，对于国家设立“品牌日”是件渴盼已久的事情，得知这一消息后也是欣喜不已。

国家“品牌日”来了，高兴之余，不免又有了些忧思。

一是中国品牌化程度低。“品牌日”只是品牌之路的一个起点，它表明在国家层面上得到了重视。实际上，中国制造的现状，可大致等同于中国品牌的现状。中国制造固然有很多了不起的成就，但总体来讲还是低层次制造，所以主管工业的工信部部长苗圩曾表示：中国制造没有想象的那么强大，追上西方还需要三十年。品牌“路漫漫其修远兮”，设立国家“品牌日”，相当于说我们还没有品牌化，要持续奋斗个几十年，同时，那些国际化品牌可能比我们走得更快，追赶起来更加不易。

二是“品牌日”如何用？是做概念，做宣传，做形象工程，还是发奖、发证书、发牌子、搞评比？想当初，一个“全国牙防组”就忽悠了中国消费者那么多年。某某 TV 搞的“国家品牌计划”，实质上是主题招商，拉广告费的，但品牌不是巨额广告费“烧”出来的，而是一套体系的建设。希望“品牌日”不要变成“捞金日”。

三是品牌管理者是否有足够的耐心？中国制造在战略上基本选择了“总成

本领先”，这也是各行各业“价格战”硝烟不散的基因所在。因为在价格战中要保持获胜，就要成本更低，因此会寻找更低成本的替代品，以牺牲产品品质为代价，陷入“互害”的困境。品牌是以产品品质为基础的，在产品质量还没做好时，谈品牌是可耻的。品牌管理者在持续性上能不能“玩得起”？在前进路上能不能“输得起”？在残酷竞争中能否“不忘初心”？这都是现实的考验。

5. 老二与老大

在电梯间里，老看到“国家品牌计划”之“青花郎”品牌的广告循环播出，广告语：“青花郎，中国两大酱香白酒之一。”这是青花郎对标茅台酒的新策略，从“神采飞扬中国郎”到“喝郎酒，打胜仗”，再到今天的“中国两大酱香白酒之一”，我认为，青花郎此次再定位，也可以视为“归位”，得其所哉。

青花郎的新定位，在定位方法中被称为“比附定位”，表面上看起来是甘居第二，实际上是把自己划入一个高级俱乐部，实现与大众品牌的区隔，在消费者的心智认知中，占据一个一流品牌的位置。

在广告学上，“老二策略”有一个经典案例，就是在 20 世纪 60 年代的美国，艾维斯汽车租赁公司虽然位列行业老二，但与老大赫兹公司相比还有较大差距。于是，艾维斯公司打出了“我们是第二，所以更努力”的广告，在消费者心目中树立起了良好的品牌形象，同时，该公司也稳居行业第二的位置。

在我国的白酒品牌中，曾有宁城老窖在央视打广告，广告语是“宁城老窖，塞外茅台”，就是典型的比附定位。再就是当年的蒙牛乳业刚成立时，在内蒙古打广告，口号是“做内蒙古乳业第二品牌”，可谓意味深长。

比附是一种定位方法，在广告表现上，则属于“比较广告”，可以拿竞争对手说事，经典的案例如可口可乐与百事可乐，互相斗争的“好基友”。在国外，比较很直接，吃瓜群众喜闻乐见。而在中国，品牌竞争则较少采取“比附定位”和“比较广告”这类做法，至于，为何少比附、少比较，一句俗语似乎可以让我们找到答案：“宁为鸡头，不为凤尾。”大概就是这意思。

商业竞争中，司空见惯的是“争老大”“争正宗”，尤其是有历史传承的品牌，竞争的焦点放在了品牌之间的“争名分”上面，反而让消费者无所适从。都说自己正宗，到底谁是真正的正宗，也没办法去请如来佛看看美猴王的真假吧？品牌之间争正宗，在当事者这里是天大的事，在消费者那里，商品质量才是大事。

因此说，我们乐见“中国两大酱香白酒之一”这样的定位与比对，这是一个信号，是行业生态和谐的表现，行业生态和谐了，企业就会健康发展，这是大好事。从这个意义上说，能够甘居老二的品牌，就是老大。

英国人道格拉斯有一句名言：透过广告，可以发现一个国家的理想。真是如此，商业的背后，体现的是文化。

6. 品牌恒久远，故事永流传

讲品牌故事的高手

有一个很牛的中国公司，叫华为，在全世界也是中国制造的形象代言者，老板任正非先生打出租车、坐地铁的情形在互联网上不经意“流出”，引爆了舆论赞美的热情，社会公众对华为及任正非的美誉度再度升高。作为专业品牌管理者，大家在赞美之余，不禁感叹：“真正的高调是低调。”

与自己做品牌形象代言人的企业家相比，这位最牛公司的老板任正非先生素以“低调”著称。每当听到“低调”的说法，我就强调自己的观点：自己说好那是广告，别人说好那是公关。当品牌故事流传广了，就形成了口碑。广告是要受众被动接受，而故事却是主动口耳相传，效果显然不同。还来说那位以“低调”闻名的企业家，虽然鲜见他出现在公众视野，但他的故事何曾离开过？单是一篇任正非的早期文章《华为的冬天》就流传了这么多年，事实上，他的每一篇文章几乎都会成为热点、经典。

这就是讲品牌故事的高手。

故事是品牌传播的天然载体

习近平总书记在全国思想宣传工作会议上提出要求：“讲好中国故事，

传播好中国声音。”从品牌营销角度来看，这是“国家品牌”营销的重大转折。

全球是一个大市场，每个国家都是一个超级公司，都同样面临着强大的竞争压力，需用通过品牌营销获得竞争优势。再比如，我国提出的“社会主义核心价值观”，总共24个字，但要理解这24个字所蕴含的深层意义，却很难。于是，通过系统创作的漫画式、卡通式的故事，让社会公众易于理解和接受。

所谓品牌，就是通过长期传播而形成的“烙印”。故事，是品牌传播的天然载体。

故事，具有互动性。每个消费者都是听着故事长大的，故事满足着人们的好奇心。讲故事的人，会用故事引发他人的关注；听故事的人，则通过故事产生愉悦感。讲述者与听众，具有很强的互动性。海尔的“海尔兄弟”，做成了世界上最长的系列动画片，我们不难想象，那些看着这部动画片长大的消费者们，将在头脑中留下何等深刻的品牌印记。

故事，具有说服性。很多道理，讲起来并不好接受，但通过讲故事的方式，则寓教于乐，在不知不觉中就被对方说服。美国人向全世界输出其价值观，号称“每部电影拷贝就是装在铁盒里的大使”，像那部著名的电影《星河战队》，看到结尾才知道是美国政府的征兵广告。其实，中国古代文化是善于讲故事的，伊尹以“治大国若烹小鲜”的故事名垂历史，庄子更是讲故事的高手，在《南华经》中用故事去贩卖其价值观。在品牌营销上，企业想要把专业的内容翻译成受众可以理解感知的东西，就要把故事讲好。

故事，具有爆炸性。一个好的故事，会通过口耳相传，变得具有了传播上的“爆炸性”，也就是互联网时代所说的“病毒式传播”，具有很强的感染性去覆盖受众。品牌是在实现功能性利益基础之上的精神感受，属于精神利益范畴。所以，品牌研究者有一个结论：消费者拥有品牌，品牌管理者拥有的是商标。这也不难理解，无论品牌管理者如何敝帚自珍，消费者不买账就没辙。有些品牌超乎常规的“疯狂”与“不可理喻”的市场表现，以及其忠实拥趸者的“脑残”与离经叛道程度，往往让业内的“经验派”看不懂，其实，换个角度看，正是因为消费者拥有品牌，所以，这种疑问也就不成其为疑问了。

一个品牌想要满足消费者的实用功能需求，还要实现情感上的共鸣，继而产生归属感，就需要品牌故事在其中担当重要的沟通桥梁作用。

如何讲故事

那么，如何讲述品牌故事呢？

第一，找到“故事核儿”。中国传统商业史上，有很多老字号的故事流传至今，比如讲“诚信”，讲“传奇”，讲“手艺”，等等。这些品牌故事里的“诚信”“传奇”“手艺”，就是“故事核儿”。有了“故事核儿”，加上“肉”，加上“皮”，“果子”就成了。在故事流布过程中，传播者又不断往里面加“料”，这个故事的“果子”就会越来越大，结果就硕果累累了。品牌故事的“故事核儿”，蕴藏在品牌的整个生态环境里，可以是公司、产品、老板、供应商、消费者等。可以说，品牌不缺乏“故事核儿”，而是缺少发现。

我的“故事核儿”之说，与“创意元”和“IP营销”异曲同工。所谓“IP营销”，即“跨媒介创意与内容营销”，找到了“IP”，则创意故事的空间非常大。

第二，如何讲故事。说到讲故事的方式，那可就数不胜数了，举凡可以进行传播的媒体，都可以成为故事载体。尤其是互联网时代，讲故事的花样层出不穷，创意无限。

常用的故事手法，一是“企业领袖法”，讲企业领袖的故事，或者由企业领袖来讲故事，典型的案例就是格力的“董小姐”了，不论她在哪里出镜，都是舆论的焦点；二是“价值观法”，故事内容可能与品牌、市场没有关联，但故事本身是在传达品牌的价值观，适合成熟品牌选择使用；三是“追热点法”，就是故事创意团队紧盯社会热点事件，以快速跟进制胜，典型的就是杜蕾斯“蹭热点”的功力；四是“制造热点法”，由品牌发挥自身优势，不断去制造热点，讲好自己的品牌故事。

无论是传统媒体，还是新媒体；无论是传统手法，还是创新方式，品牌故事要赢得消费者的共鸣，基本原则还是“内容为王”，就像看电影，观众主要欣赏的是故事内容，而非景观、音效，否则就是风光片、音乐片，而不是故事片。

莫言在诺贝尔文学奖颁奖仪式上的演讲题目，就是《讲故事的人》。品牌管理者，就是品牌的“首席故事官”，担负讲品牌故事的首要责任。我长期倡导“品牌要讲故事”，并努力实践。我以书的形式讲品牌故事，如《软实力是如何炼成的——中国软体家具领军品牌营销法则》，成为家具行业一个著名的故事；《我们这三十年》，成为化工行业的一个品牌故事。

品牌恒久远，故事永流传。从现在开始，发现你的品牌“故事核儿”，讲述你自己的品牌故事吧。

7. 品牌餐馆不用一次性餐具

有朋自远方来，还是要吃鲁菜——八大菜系之一，北方菜的老根。听说高新区有家鲁菜馆子，需要超前预订方能品之。试试看，新年假期，居然订上了。

进了包间，装饰简约，中国元素，已经入了眼了。坐下，一看不是塑封的“消毒餐具”，而是餐馆自己清洗的“散装餐具”，筷子上还刻记着餐馆的字号。细节见功夫，立马判断：这是一家“老炮级”鲁菜馆子，不会错。

为何如此判断？得从一次糟糕的消费体验说起。

哥们约吃饭，顺便谈点事，就定在“老地方”——他家附近，一家开了十年多的饭馆。打开餐具的塑封，餐具上的油污刺眼，简直说不过去。找服务员，换了一套，打开，依然是污秽触目惊心。老板娘腆着老脸打圆场：用开水烫一下就成，都这样。

居然就这样了。

餐馆原来都是招洗碗工的，后来有了餐具清洗公司，就外包了。这种专业化分工，是正确的，但问题在于，专业公司不专业，根本洗不干净，导致顾客在使用这种餐具时，需要用开水洗烫，取得一个心理安慰。而餐馆将这个成本转嫁到顾客头上，一套餐具收一块至几块钱不等。

餐馆外包服务，可以理解；外包清洗的餐具收费，可以接受。但是，顾客不能理解的是：我付费了，你为什么还洗不干净？更不能理解的是：餐馆的天职是做出干净的饭菜，连干净都不能做到，还凭什么自称品牌？这样的餐馆倒闭了还找什么大环境不景气的原因？自作孽，不可活，罢了。

我们常常为“互害社会”互相指责，但为什么是这样，如何改变？这是个问题。

以餐馆提供的这种餐具清洗公司餐具为例，既然顾客要烫过之后才可用餐，餐馆为什么不停用这种产品？餐具洗涤供应商作为合法注册的公司主体，为什么不能提供干净的产品？餐具供应商问题严重，监督部门为何不整治、取缔？顾客知道开水不能杀菌，为何“一洗了之”了？这个“互害”过程，没有哪个主体可以推卸责任。

还是那句老话：产品都没做好时，谈品牌是可耻的。一个餐馆，连干净的餐具这种基础服务都不能提供，它的倒掉也是必然。其他行业，也是同样的道理。所以，判断一个餐馆品质，可以将是否使用餐具清洗公司餐具作为指标之一。

从今天起，倡议拒绝使用餐具清洗公司的“消毒餐具”，实施“倒逼机制”，总得有个起点吧。

别总是叨叨说实体不行，是你的不行，不是别人的不行。

8. 褚橙之后

褚橙之后，再无褚橙。

在一次创业论坛上，听一个褚橙营销操盘手概述其操盘过程，即“褚时健+褚橙+本来生活”联袂演出了一场营销大戏。随后，《褚橙方法》一书出版，提出了“移动互联网时代，中国橙王的自品牌方法论”，算得上是全面解密。

为何断言“褚橙之后，再无褚橙”？

“没有成功的企业，只有时代的企业。”这句话，是张瑞敏的名言。“褚橙神话”里，风云际会了各种时代的因素：一是社会背景，创业大潮势不可挡，创业者也需要偶像抚慰心灵；二是互联网，尤其是移动互联网进入了高速发展期，任谁也挡不住；三是褚老个人的传奇故事，这个大家都知道，社会的每一次进步，都要有“标志性人物”付出巨大牺牲，褚老就是那个时代的“标志”，但更励志的是他 74 岁创业，10 年后褚橙大卖；四是褚橙操盘团队核心是媒体人出身，深谙推广之道，借道新媒体驾轻就熟；五是受褚老精神感召的社会名流，在营销过程中担当了“意见领袖”的角色并起到了推波助澜的作用。总而言之吧，天时、地利、人和的条件都很充分，大卖是必然结果。

褚橙之后，带动了一些大佬级企业家纷纷“涉农”——潘石屹的“潘苹果”、柳传志的“柳桃”、任志强的“任小米”就颇具代表性。这些大佬与八十多岁的褚老相比，可谓正在当红，但其品牌却未能风生水起，就是因为各有各的江湖，褚橙的资源，别人不具备，结果也就各不相同。

张瑞敏所说的“时代”，可以理解为“资源”，或者说“彼一时，此一时”。当然，虽然市场表现各异，但殊途同归，他们都是各自领域、各自时代的英雄。

“一直被模仿，从未被超越。”这是成功者应该获得的赞赏，但成功往往难以复制。我认为，一个企业（品牌）在某个阶段达到巅峰，总结出“**模式”“方法论”“×× 理论”等，并向社会大众传播，往往标示着它就要进入新的创新期或战略转型，超越这个阶段，攀登新的高峰。此时的成功，已经是过去式。更重要的，要审慎看待这些成功案例，可以鉴赏，千万不要轻易模仿。俗话说：“光看见贼吃肉，没看见贼挨打。”话糙理不糙。

其“方法论”中，有一个观点，认为“最管用的不是讲故事，而是地推”，我深以为然。在“互联网 +”运动中，传统行业明显受到了一些误导，其实应该是“传统行业 +”，互联网是“+”的一个渠道或工具。我认为，有意贴上或者被贴上“互联网企业”标签的，本质上都是传统企业。

“人生总有起落，精神终可传承。”向褚老和褚橙操盘手致敬。

9. “0.1g 的良知”

我参加“中国大健康产业促进大会”，有幸结识了一些大健康产业领域的企业家。其中有一位做绞股蓝茶的谢先生，赠我一本书，书名为《敬畏当道》。这是“中国样本工作室”推出的系列样本之一，称其为“继德胜、海底捞之后又一家现象级企业”“一个以价值观驱动企业发展的中国样本”。

会议期间迅速浏览了这本书，企业的核心价值观为敬畏，源自孔子的“君子三畏”：畏天命，畏大人，畏圣人之言。李我认为，文化、价值观之类理念，一定要形成“仪式”，产生让人心生敬畏的“仪式感”，才能形成价值观驱动。

这个企业有一个全员遵循的“仪式”：所有人每天睡觉前恭敬地对产品履行三鞠躬。公司员工在走访销售终端时，要向终端陈列的本公司产品三鞠躬。这是一个很有意思的“仪式”，当时发了微信，引发了一些评论，正面的不多，大部分认为“夸张”“矫情”，甚至是“有病”。

如果这些评论者，看到这个企业的“0.1g 的良知”和“先让父母使用自己的产品”之后，可能会改变一些看法。

该企业产品标准为 2g/ 袋，按照国家标准规定，误差率为 ±0.1g，即 1.9-2.1g 均为合格。潜规则是有些企业把产品重量全部调整为 1.9g，5% 的利润就出来了。这个企业坚持不受诱惑，给消费者足量的产品，用“0.1g 的良知”做有温度的品牌，把产品足量作为企业价值观的重要组成部分。此外，“先让父母使用自己的产品”“自己使用自己的产品”，成为由价值观到仪式感的重要组成部分。

有良知的人，才能做出有良知的产品，所以，我常讲：连合格产品都做不出来的时候谈品牌是可耻的。

“转型升级，创新驱动”侧重的是技术创新驱动。我认为，成功转型升级，需要“两轮驱动”，即“技术创新”与“价值观”并驾齐驱。

所谓消费升级，不过是市场“自净机制”作用罢了，触底反弹。市场乱象重重，世人都在感叹无底线。为何无底线？是缺乏敬畏之心，没有敬畏所产生的仪式感。在这个“自我净化”过程中，人们试图找到升级的路径，于是，有些企业家受稻盛和夫的“敬天爱人”理念感召而行动，有些企业家在宗教的仪式感里找到精神的依托，有些企业家则“致良知”成为阳明心学的信徒……不管是哪个“圣人”、什么宗教、还是何种学说，最大公约数就是“良知”，这大概也是阳明心学成为显学的一个原因。

孔子的“畏天命”、稻盛和夫的“敬天爱人”、王阳明的“致良知”，所讲的敬畏，就是要敬畏规律。在人类文明的进程中，规律大部分转化为常识，所以说，敬畏规律就是尊重常识，否则后果很严重，如《道德经》中所言：“知常曰明；不知常，妄作，凶。”

说实话，德胜洋楼、海底捞火锅、“0.1g 的良知”，对中国价值观驱动企业发展的影响力还不够大，但这些企业用自身的实践成为所在行业的“样本”，善莫大焉。

进入“价值观驱动企业发展”时代，实现转型升级，可能长路漫漫。常识告诉我们：响亮的口号，都是奋斗的目标。

10. 此秀秀过灯火秀

上海合作组织青岛峰会举办期间，各国来朝，盛世大典。好客山东自是不亦乐乎，洒扫庭除、张灯结彩迎迓贵客。

高端峰会，安全等级顶格，会前气氛就紧张起来，在某地机场，以至于随身携带的磁铁颈肩按摩棒被定性为“钝器”，需办理行李托运。跟安检员讲了，这物件以前乘飞机都是随身带，为何偏偏这次要托运？答曰：峰会方向，强化安检。

作为吃瓜群众，于峰会的各种“秀”似乎无感，偏偏是顺丰快递的“步行送快递”这场秀，让人民群众眼前亮得跟雪似的，用指尖投票，刷爆了手机屏。

峰会期间，快递公司担当最后一公里任务的“三蹦子”为盛会胜利召开让路，通通不允许上路行驶。据说，其他快递公司都放假了事，顺丰快递则选择青岛市区步行送快件。在特殊条件下为消费者做好服务，是服务业的应有之意，即使是一场“秀”，顺丰此举也堪称完美的公关与事件营销活动，传达了品牌理念和精神，彰显了大品牌的风范，也让那些认为顺丰快递“贵”的消费者明白：贵得有理由。

“场景革命”是以消费者体验为中心的变革，所谓“消费者主权时代”，就是消费者对品牌挑挑拣拣了，谁的服务让消费者产生了愉悦感，才会为谁打开钱包。

在世界第一网购大国，消费者对于各家快递的体验自有分晓。现在能做到坚持送快递上门的，也就顺丰了吧？其他的都投奔各种代收“驿站”，给消费者发个短信，屁颠屁颠自己去取。我一直订阅一份《财经周刊》，快递直接投放到一楼的信报箱，今年则改了章程，送到小区外的超市，每次取件都要蹲在货架下边扒拉半天，而且，连扫码枪也没有，在一个破本子上手写快件单号和签名，这种操作流程让人深感快件不安全，说不定啥时候就找不着。快递《财经周刊》的也是一线的快递公司，屡屡打电话投诉，要求其投放至信报箱，却没有回音。这种糟心的消费体验差极了，最终决定不使用这家快递，连那份周刊也不定了。纸媒日子不好过，因为选用的快递合作伙伴服务体验差，又要丢掉一个订户，就此受到“株连”，也是悲催。

品牌属于消费者，口口相传的口碑积累起来就成了品牌。消费升级的核心是消费体验升级，顺丰这种“品牌秀”可说亮过了峰会灯火秀，这样的“品牌秀”，人民群众喝彩，喜大普奔。

第二章　战略

中国制造的崛起，实际上是总成本领先战略的胜利，只有想不到，没有中国制造做不到。价格上，只有更低，没有最低。所以，“价格战”连绵不断。

1. 知常·辨势·竞合

《云海战略》这本书是写给谁看的？就是它的读者主体，是谁？很明确，中小企业。中小企业实际上现在的主体就是民营企业，而根据 2009 年发布的一个数据，中国民营企业平均寿命不到 3 年，这就是我们现在中小企业所面临的一个生存环境。

我和很多中小企业老板打交道，为他们的企业服务。我觉得“企业家”这个词要慎重，而且对企业家进行评判的标准也要慎重不是说看这个企业有多大，你有多少人，而是要看你的管理意识。说到底，是观念和意识在指导你所有的行为。

在与中小企业打交道的过程中，我感觉到现在中小企业的企业主或者叫老板，比较中国化、本土化。这个群体是一个非常迷茫的群体，他们具有一些相似之处，体现在三个方面：一是，非常善于学习，非常热衷于背着包飞来飞去，赶场一样听各种讲座；二是，手腕上有一串佛珠，或者是某道长的弟子；三是，言谈话语要引用一点什么《论语》之类的东西。这是我观察到的这个迷茫群体的表象，因为他迷茫，所以他要找到消除迷茫的出口。

实际上现在中小企业的迷茫，据我个人的观察，主要表现在五个方面。

第一个迷茫是不知道企业为什么会垮掉。我原来在一家国企工作过，12 年前从这里“不辞而别”，12 年里我是一个没有挡案的人，所有的东西都丢在那里。然而这个企业几年以前已经停产，最近要拍卖、清算，以此为契机我终于把档案之类的东西都找到了。这个企业想当年红火到什么程度？就是来提货的客户排队能排到三公里外，这么火爆的企业没想到最后还是衰败了。在它关门的时候，才发现这个企业的帐上已经没有任何现金了，就是转不动了，所以它死掉了。然后员工上访，诉求厂长贪污腐败导致了这个企业的垮台。其实，员工并不知道这个企业是怎么死掉的。一个企业的领导人如果能够把国营企业尽心尽力来经营，它是不会垮掉的，可最后为什么垮掉？就是因为这个企业它的效益非常好，有充足的资金，然后盲目上马了新的项目。后来因为美国的大豆期货、大豆战争把它搞掉了。这就是我们说的这种情况，你不知道它是怎么垮掉的。

第二个迷茫是不知道怎么活下来。我做企业咨询，十年的时间，和大大小小的老板们打交道。他们的思想、做派我大概比较了解，包括他们在企业发展上的一种规划、一些特点。我曾经做了一个比喻，南方老板和北方老板的不同在于什么地方？北方老板的做法是先占地盖厂房，然后再去找市场、做市场。所以说他大量的资金沉淀在这块土地上，当他需要开拓市场的时候，他已经无力做这些事情了，资产固化率过高导致账面有钱、手里没钱。南方老板的做法是什么？先建市场后建工厂，可以通过 OEM（代工生产）来解决产品的问题，真正有了实力，也建工业园，也圈地，这是他们的不同。所以说有很多的企业做得也不错，效益也非常好，但是真正你去研究他，或者你去和他进行探讨，究竟怎么做得好？他也不清楚，就是稀里糊涂、非常滋润地活着。

第三个迷茫是关于做大的迷茫。每一个经商者，不管你现在处在多高的资产阶段，都有一个企图心，那就是做大，所以很多企业刚刚起步，就要做百年品牌、做百年企业，这纯粹是扯淡。三五个亿、十几个亿，我们觉得在中国的市场上就是大企业了，放在全球的视野内，它也是一个不值得一提的企业，它也是一个离破产永远只有 24 小时的企业，也是一个小企业。所以说做大，如何是大？这是一个问题。在这种缺乏准确判断的情况下，尤其是在中国特殊的社会文化背景下，所形成的这种老板文化。很多企业能做到现在，还面临着接班的问题，由谁来接班？这个老英雄要退了，有没有新的英雄能够支撑全局？

第四个迷茫是多元化还是一元化的问题。也就是多元化和专业化的问题，这也是争论了很多年，也做了很多的探讨。作为中小企业，通俗地讲就是“把鸡蛋放在一个篮子里还是几个篮子里”的问题。当然作为我个人的观点，中国的中小企业一元化还是一个上上之选。

第五个迷茫是差异化还是跟进。在很多年前，这种差异化，所谓的 USP 的概念导入到我们的市场传播里面的时候，我曾经大讲特讲差异化，但是后来我发现在中国的市场环境里，差异化是必死无疑的，尤其是中小企业。中国的市场特点，一是同质化，二是超级模仿，三是买方市场。这些市场的特点决定了差异化很难存在。前些年又引入一个新名词叫“蓝海战略”，当时我就说蓝海战略是一个伪战略，充其量是一个市场进入阶段的战略，在市场进入的初期，通过市场的差异化迅速占领市场的战略，具有一定的优势，如此而已。这是我观察到的中小企业现在面临的一些困惑。

我们今天在探讨为什么会出现这种困惑和迷茫？归根到底，也就是两个字“战略”。当然在中国的特殊市场环境下谈战略，西方的战略理论并不能照搬。因为我们中小企业的寿命，平均寿命才不过3年，首先要活着，然后才能去发展。真正深入到企业里面去，才能体会做企业有多么艰难。所以当有人批判企业战略如何如何的时候，我觉得大家应该首先对市场和环境有一个客观的评判，连活都活不下去，怎么谈战略？所以我一贯主张企业发展的初期不谈战略，等具备了一定的基础，那时的你才会活了下来，你没有战略就死掉。

我觉得这是《云海战略》给我们带来的启示，也是和我的观点有相互佐证的地方。《云海战略》不但给出了体系，同时给出了战术，比如怎么去做，同时也对案例进行了评点和分析，应该说是非常实用。更为难能可贵的是，我认为这本书能够把西方的竞争战略的思想和中国的特殊文化市场环境结合起来，这非常难得。

所以今天来看《云海战略》这个体系，我用三个词六个字来谈一下我的感受。

第一个词就是“知常”，知道常识。《云海战略》里边引用了大量的经典。《道德经》里面有一句话，叫“不知常，妄作，凶。”你不按常规办事，就会胡作非为，最终的结果是“凶”。实际上作为一个企业的发展战略，并非神秘不可测，是基于一种常识、规律做事。我接触过很多的企业老板，就是妄作，不知道这个世界有多大，所以要做百年老店、百年品牌、百年企业，可谓“力小而任重、识小而谋大、德薄而位尊”，结果就是“鲜不及矣”。

第二个词是“辨势”，就是辨别趋势。世界潮流，浩浩汤汤，顺之者昌，逆之者亡。我们说夕阳产业，有些企业在夕阳里面看到了趋势，看到了它应该如何做，所以从这个角度来讲，是没有夕阳产业的。所以说要先辨势，在这个基础上接着才能造势借势。我认为就是谋势、造势、借势，就是看到趋势。就像比尔·盖茨看到当计算机像一间房间这么大的时候，他就看到未来一定是摆在办公桌上的，就创办了微软。胡雪岩说，你看到一县，就做一县的生意；看到一省，就做一省的生意，看到天下，就做天下的生意；大意如此，就是辨别趋势。

第三个词我把它叫作“竞合”，就是竞争与合作。过去一谈竞争，那就是什么？你死我活，势不两立。我们很多行业发生过武斗，但是在现在的环境之下，更应该提倡竞合，三分也好、七分也好，只有永远的利益，没有永远的敌人，一定是竞争和合作。我们看百事可乐和可口可乐的很多促销活动，如果注意观察、仔细琢磨，会发现这是两家串通好了在做一件事情，他们是既竞争又合作。有一个公司的人带了核心技术投入另一家公司，但是另一家公司不要这个人，立刻举报，为什么？因为违背了公平竞争的原则，不要你的商业机密，这是竞争与合作非常典型的一个代表。

有一个非常好的概念，就是“生态”。任何一个生态失衡的时候，就要出问题了，没有谁能够独善其身。这种生态的破坏，势必会影响到整个环境的恶化。很多年前我做一个产品，就是生发产品，怎么让头发长出来。中国很多人脱发是一个大问题，大部分人是脂溢性脱发，分泌油脂，把头发的生态环境给破坏了。就是把头发生长环境破坏了，所以才导致了这种结果。无论从战略还是战术操作的角度，“竞合”应该是未来一个必然的发展趋势。

2. 基于常识的策略识别

这个话题，是针对白酒的。在开始探讨之前，我还是从一个与白酒无关的例子开始。

与快消品交手，终端洞察是不可少的基本功。因为服务快消客户，我经常去商店超市，以消费者身份去与促销员沟通、对比陈列面、观察消费者的购买行为。有三个场景，让我大跌眼镜。

场景 1——在促销堆头前，促销员在对一位年轻女性消费者（二十出头的样子，装扮入时，目测是都市白领一族）讲解香油的产品知识后，作恍然大悟状，说了一句“香油原来是芝麻做的”！

场景 2——一对中年夫妻，都戴眼镜，举止斯文，一看就是知识分子。在调味品陈列区，这对夫妻在争论“麻油是不是花椒油”这个问题。

场景 3——两位大妈结伴逛超市，在调味品区，一位给另一位传授经验：“凉拌菜，买那个‘极味鲜’酱油。”显然，她说的是“味极鲜”，算是一个品类，大妈并不知道品牌。

以上场景是真实存在，可能是个例，但也能说明：消费者不是专家，如果面对面沟通才能让消费者理解，纵然使出洪荒之力，又能如何？

白酒，因产地、酿造工艺、气候条件、水质、粮食、微生物菌群、贮存环境与时间等条件的不同而风格各异，甚至有秘境之酿的神秘色彩，是中国人特殊的精神食粮，是国粹之一。

在中国古代，酒是贵族食品，所以，百姓生活的七件事是“柴米油盐酱醋茶”，而显贵生活的七件事则是“琴棋书画诗酒茶”，差距大矣。

当中国白酒行业进入激烈的市场竞争阶段时，文化就成为白酒的标配，挖历史，挖名人，挖传说，掘地三尺也要贴上历史文化的标签，甚至牵强附会到令人难以置信；然后，纷纷占据品类定位，创新品类与竞品进行所谓切割，一波一波的“中国人的 ×× 酒”汹涌袭来，强行拉消费者站队，好像“你不喝 ×× 酒就不是 ×× 人”；然后，就是创新香型，这个香型，那个香型，在这上面也是用尽了气力；然后，拼产区，这个产区，那个产区，各有自己的神秘之处，都是难以复制的天赐宝地；然后，讲酿造工艺，讲勾调技术，讲大师传奇，也是精彩纷呈……品牌管理者真的是殚精竭虑，为品牌的差异化绞尽脑汁。在这里，笔者对业界的种种努力充满敬意，这些努力，一方面是出于竞争的需要，另一方面是给消费者一个选择的标准和理由。但是，这些努力，并没有得到应有的回报，消费者甚至更加感到“乱花渐欲迷人眼”了。

其实，回头看，往前走，应该检视一下策略问题了。战略太高大上，是学问家的事情，在这里，我仅就策略层面进行探讨。

作为白酒企业的发展策略，就是解决“到哪去、干什么、怎么干”的问题，方向是第一位的，所谓“方向对了，就不怕路远”。基于竞争压力与竞争环境的变化，一个方向确立下来，还没走多远，就改弦更张，调整到另一个方向上，资源与体系随之调整，这样的策略调整既浪费又有较大风险。在策略选择上，只要是符合企业发展实际情况的就是好的策略，坚持下去，或能成就有自己特色的品牌之路。行业标杆在变，竞争对手在变，于是，我们也要变，并且要差异化，变着变着，又变到一起去，大家又同质化了。除非是面对革命性的行业变革，要顺势而变，否则，一个方向坚持下去是好的策略选择。

在追求差异化的策略路线上，很多企业渐行渐远，甚至忽略了行业属性与产品属性，或者说是忽略了常识。达·芬奇说：“人类大脑通过眼睛、耳朵和其他感官收集资讯，并交由常识来集中处理。换句话说，常识是一种驾驭其他感知的超感知。但商业人士却不相信这种超感知的存在。”对常识的忽略，一方面如达·芬奇所说，商业人士不相信这种超感知的存在；另一方面，是基于对常识的恐惧：这是常识呀，这样说显得我们太低级、太无能了，我们的品牌要有文化，要高大上，说浅显的常识是一种巨大的风险。正如特劳特在《新定位》中所说：研究者不是因为简单而得到报酬，而是因为复杂。

在白酒的消费上，消费者可以感知的常识是什么？我来谈谈一孔之见。

一是“纯粮”。如果经常调查一些喝白酒的人，很多人甚至喝了一辈子“糊涂酒”，浓、清、酱怎么回事都不甚了了，至于固态法、液态法什么的，就更不必提了。但不管懂酒的，还是不懂酒的，都有一个共识：纯粮酿造。业界可能不屑一顾，但消费者就是这么判断的。“纯粮”能上升到企业的策略选择吗？我认为，基于白酒的行业属性、产品属性、消费者认知，“纯粮”加体验式营销，将是培养忠诚消费群体的有效途径，向小众化、个性化转变。

二是“口感”。舌尖上的中国，吃的喝的最讲究“口感”，营养则是一个“伪概念”，入口时最重要的还是舌尖上的感受。所以，近年来，绵柔型白酒大行其道，低度酒也自不必说了。

三是“不上头”。即饮后的感受，酒后上不上头，会不会宿醉，是绝大多数消费者对白酒品质的评判标准。我最近在商店超市看到一款桶装酒，桶签上醒目的三个大字“不上头”，其他的产品标注信息则在这种强烈对比下隐而难见。这款酒尽管从定价上看，属于低端酒，但“不上头”的确是基于常识的诉求，直白有力。

消费者不是专家，消费者需要基于常识的判断。

从专家角度出发，白酒可以作出基于常识的策略识别吗？常识能否上升为战略？

3. 所有行业都是服务业

咱们有国标，大类划分有第一产业、第二产业、第三产业，每个大类下面的划分那就更为详细了。最近，我看到一些行业资讯，在新的市场形势下，某某行业开始从制造商向服务商转移了，谋求新生之道。这些资讯，为传统的制造业传递出一个积极的信号：重视服务了。

我认为，可以打破陈旧的行业划分，所有的行业都是服务业。何以妄言？我理由有三：

第一，服务具有方法论功能。我一直在探索组织文化之道，最终认为服务是一把钥匙。在社会化的世界里，组织与组织、人与人之间是因为彼此服务而存在的。组织内部，是相互服务的关系；组织与上下游，是相互服务的关系；组织与其他社会组织，是相互服务的关系。以个人观之，亦然。因此组织与组织之间，人与人之间，如何认识服务，就会形成其方法论，并决定其行为。“互利社会”与“互害社会”的分野，就在于服务观与方法论的分野。

第二．服务具有盈利功能。公司内在服务质量，会影响到员工的满意度；员工的满意度决定其忠诚度；员工的忠诚度影响到顾客的满意度；顾客的满意度影响到其忠诚度；顾客的忠诚度影响到企业获利能力；企业获利能力又影响到公司的内在服务质量。这本质上是一个生态环境，是可以创造利润的。这里的关键是，把每个环节上的服务指标化，可操作，可考评。

第三，服务具有创新功能。物质匮乏时代，服务是看销售人员的态度和技能，所以张秉贵就可成为全国劳模；改革开放时代，物质丰富，服务主要是看售后。买方市场条件下，服务已经是全过程，尤其是售前服务更为重要，因此就具有了创新的功能，要研究顾客有什么未被满足的需求和潜在的需求，进行产品改进与创新。换言之，你要想到顾客的前头去。

所有的行业都是服务业，作为一种概念或许不难理解。问题是，如何去做呢？

我认为，从理念到行为，可以这样去思考：一是要“服”。有服的心态，有服的姿态。服务嘛，就要有服务的样子。二是要“务”。就是要做好，要超出客户的期望。服务嘛，就是要让顾客获得愉悦感。

今天，大家又回到了“产品为王”的认知层面，这固然是值得肯定的。但是，更应该想到，我们所谓的成品，离开了服务，本质上都是“半成品”！靠半成品做市场，咋样？

所有事情做到最高境界都是艺术。

4.“价格战”根在战略选择

“中国制造”等于“低档货”，被标签化，甚至被妖魔化，是不争的现实。“国货当自强”，一度也激发了国人的情怀，但“你爱国货，国货不爱你”，又令人慨叹不已。

我曾以《商业价值观的回归及其路径探索》为题进行过研究，中国传统的商业价值观就是“诚信”，如“童叟无欺”，如“修合无人见，存心有天知”，等等。但是，我也发现中国式思维下的博弈现象，就是因为卖家与买家的立场不同，“一事各表”。卖家强调：一分钱一分货；买家强调：物美价廉。这个矛盾，现在看起来，依旧是主要矛盾和矛盾的主要方面。

二十世纪最伟大的战略学家迈克尔·波特，他老人家的三种基本竞争战略与五种竞争力模型，堪称经典中的“战斗机”，尽管与时俱进的花哨理论甚多，但经典之树长青，万变不离其宗。迈克尔·波特他老人家认为，任何企业，都会采用总成本领先、标歧立异、集中一点这三种基本竞争战略中的一种或两种作为自己的竞争战略。中国制造的崛起，实际上是总成本领先战略的胜利。只有想不到，没有中国制造做不到。价格上，只有更低，没有最低。

总成本领先是经典竞争战略，中国制造只不过是因为产能严重过剩，陷入了以“价格战”为特征的恶性竞争泥淖。我认为，买方市场条件下，下游砍价能力强势，倒逼制造环节将压力转移给上游，导致供应方不断地要降低成本而研发低成本的替代品，比如臭名昭著的“三聚氰胺”。

ISO 是世界最高标准的认证体系，制造业如果严格按照 ISO9001 质量认证体系去执行，管理控制水平就会是优秀的。可惜，很多中小企业得来的证书，最终只是变成了对外宣传的素材和包装上的一串无意义的字母数字，早已经失去了认证的本意。

“质量管理八项原则”，其中一条原则就是“互利的供方关系”——适当地确定供方应满足的要求并将其文件化；对供方提供的产品和服务的情况进行评审和评价；与供方建立战略伙伴关系，确保其在早期参与确立合作开发以及改进产品、过程和体系的要求；相互信任、相互尊重，共同承诺让顾客满意并持续改进。一味压价，供方就会想办法给你供应“一分钱一分货”的原材料，为降低自身成本以次充好或寻找廉价替代品，而将因此带来的危害与风险转嫁到消费者身上。比如，采购中常常会附加“最低价中标”的条款，就相当不合理。当然，只买低的，不选对的，就无话可说了。

中国制造，需要品质升级。建立“互利的供方关系”，让制造业“生态环境”良性循环起来，品质提升从原材料供应侧开始变革，或许是中国制造品质提升的源头。

5. “特色小镇”的春天来了

2017年，中央一号文，依旧是关于农业的政策，主题是深入推进农业供给侧结构性改革，加快培育农业农村发展新动能。

如何加快培育农业农村发展新动能？一号文给出了具体的政策、方针、路线：以乡村休闲“旅游＋”产业融合为模式，以培育宜居宜业特色村镇为切入点。

且看中央是怎么说的，以下为部分原文：

——**大力发展乡村休闲旅游产业。**充分发挥乡村各类物质与非物质资源富集的独特优势，利用“旅游＋”“生态＋”等模式，推进农业、林业与旅游、教育、文化、康养等产业深度融合。丰富乡村旅游业态和产品，打造各类主题乡村旅游目的地和精品线路，发展富有乡村特色的民宿和养生养老基地。鼓励农村集体经济组织创办乡村旅游合作社，或与社会资本联办乡村旅游企业。多渠道筹集建设资金，大力改善休闲农业、乡村旅游、森林康养公共服务设施条件，在重点村优先实现宽带全覆盖。完善休闲农业、乡村旅游行业标准，建立健全食品安全、消防安全、环境保护等监管规范。支持传统村落保护，维护少数民族特色村寨整体风貌，有条件的地区实行连片保护和适度开发。

——**培育宜居宜业特色村镇。**围绕有基础、有特色、有潜力的产业，建设一批农业文化旅游“三位一体”、生产生活生态同步改善、一产二产三产深度融合的特色村镇。支持各地加强特色村镇产业支撑、基础设施、公共服务、环境风貌等建设。打造“一村一品”升级版，发展各具特色的专业村。支持有条件的乡村建设以农民合作社为主要载体、让农民充分参与和受益，集循环农业、创意农业、农事体验于一体的田园综合体，通过农业综合开发、农村综合改革转移支付等渠道开展试点示范。深入实施农村产业融合发展试点示范工程，支持建设一批农村产业融合发展示范园。

国内“特色小镇”的概念始于浙江杭州。2014年10月，时任浙江省省长、现任上海市委书记李强同志在参观杭州“云栖小镇”时，首次公开提及“特色小镇”的建设理念。浙江，是如今中国特色小镇发展最快、数量最多的地区。基于产业优势与地方特色的特色小镇蓬勃发展，2015年和2016年这两年中，有79个乡镇被列入浙江省特色小镇创建名单。浙江特色小镇涵盖信息、环保、旅游、时尚、金融、茶叶、丝绸、黄酒、中药、青瓷等产业。诞生了诸如“基金小镇”“智慧小镇”“梦想小镇”“动力小镇”“赏石小镇”“根缘小镇”等特色鲜明的区域品牌。

2015年5月，习近平总书记在参观浙江特色小镇时给予高度评价。在中央经济工作会议上，推介浙江特色小镇建设模式。

2016年2月，国家发改委召开特色小镇专题发布会，浙江、贵州被视为特色小镇发展典型地区，被中央肯定和推广。特色小镇在全国迅速推广，遍地开花。

2016年10月，住建部公布了第一批中国特色小镇名单，其中浙江省有8镇入选， 山东省亦有7镇榜上有名。山东省有青岛胶州李哥庄镇、淄博淄川昆仑镇、烟台蓬莱市刘家沟镇、潍坊市寿光羊口镇、泰安市新泰西张庄镇、威海开发区崮山镇、临沂市费县探沂镇入选。

2016年9月发布的《山东省创建特色小镇实施方案》提出，到2020年，创建100个左右产业上“特而强”、机制上“新而活”、功能上“聚而合”、形态上“精而美”的特色小镇，成为创新创业高地、产业投资洼地、休闲养生福地、观光旅游胜地，打造区域经济新的增长极。

2017年1月23日公布的山东省特色小镇创建名单中，有60个镇上榜。济南市有4镇入选：平阴县玫瑰小镇、济阳县崔寨智慧物流小镇、历城区西营生态旅游小镇、长清区马山慢城小镇。

“特色小镇”的春天来了。

6. 中国白酒“第四极”

早在 2012 年，白酒行业媒体《国家名酒评论》杂志出品人、总编辑于瑞先生撰写了《黄河酒魂》一文，在深入研究的基础上提出了“黄河名酒带”的概念，该观点得到了黄河流域白酒企业及地方协会的高度认可，部分酒企进行了交流探讨，黄河名酒联盟呼之欲出。

经过数年酝酿，我们郑重推出黄河名酒带，以期完成中国白酒产区完整的版图。之前，在白酒产业酿造本质、产业政策及商业竞合规律三大作用力的共同推动下，在业内形成了长江名酒带、赤水河谷名酒带、淮河名酒带三大产区并驾齐驱的产区格局。在自然与人类的双重选择下，黄河流域及黄河文明生态圈内存在着包括汾酒、西凤、河套、衡水、牛栏山、红星、仰韶、青稞、扳倒井、景芝等为数众多的名优白酒企业。现在，企业集群化表明黄河名酒生态产区的客观存在，它与长江名酒带、赤水河谷名酒带、淮河名酒带共同构成了中国白酒产业四大产区。黄河名酒带的隆起，是中国白酒产区的“第四极”，由此，四大产区构架了中国白酒的完整产业版图。

黄河名酒带的隆起，是黄河流域酿酒人对黄河文明的集体朝圣。黄河是中华民族的母亲河，孕育了生生不息的华夏文明，众多名酒就是母亲河串起的明珠。白酒是国粹之一，是中国文化的重要载体。在实现中华民族伟大复兴的今天，文化传承是“不忘初心，继续前行”的强国大道。黄河名酒带定盘，是黄河流域酿酒人对母亲河的深情祭拜，是传承黄河文化的重要仪式。

黄河名酒带的隆起，是推动产业集群发展的重大机遇。长江名酒带、淮河名酒带、赤水河谷名酒带先后以各种形式被明确提出，并通过产区竞合加快了白酒产业链的整体进化和升级，促进了产区集群发展。从聚合产业集群效应看，黄河流域及黄河文明生态圈内名优白酒企业联手共同打造黄河名酒带，在长江以北，尤其是西北、华北、东北及中原地区等广大地域内形成共振效应，建立“黄河名酒带”产区大品牌，在此基础上，强化各自的小产区竞争优势。

黄河名酒带的隆起，是促进行业竞合的战略选择。一个行业的发展，必然要历经从“竞争”到“竞合”的嬗变，从无序竞争到有序竞合的健康形态。黄河名酒带文明生态圈内的名酒企业的联盟，将形成一个高级俱乐部，在产区品牌上谋大同，在各自优势上谋差异，联盟成员之间在竞争中合作，在合作中竞争，促进行业健康、有序发展。

黄河名酒带的崛起，是消费者选择购买的重要标识。一方水土养一方人，一方水土酿一方酒，白酒消费者在认知上存在固有的“产区意识”，并以此形成购买上的偏好。黄河名酒带为消费者购买建立起鲜明的标识，同时，饱受“黄河文明”滋养的人们，也能在精神感受上产生认同感。

黄河名酒带是母亲河的恩赐，说与不说，它一直都在那里。今天，我们为黄河名酒带鼓励与呼吁，不是制造概念，不是营销技巧，而是心怀虔敬，让母亲河串起的每一颗明珠都更加璀璨，对母亲河的滋养与恩赐做些许回报。

黄河名酒带，中国白酒产区“第四极”，我们朝圣来了。

7. 中国精酿啤酒的战略选择

1. 中国精酿啤酒发展简史

1.1 精酿啤酒起源

业内人士普遍公认，山东轻工业学院（齐鲁工业大学前身）是中国精酿啤酒（尽管那时只称为自酿或微酿）的发源地。

1992 年 9 月，在山东轻工业学院教师、留德学者韩振宁先生的主持下，第一条国产精酿啤酒生产线研制成功，并投入运行，日产鲜啤酒 500 升，融教学、科研、生产于一体，深受行家好评，一时间参观者络绎不绝，效仿者众多。

1993 年 12 月，第一条酒店精酿啤酒生产线在济南加利福尼大酒店投产，日产鲜啤酒 300 升，当时售价高达 50 元 / 升。

2007 年 9 月，随着山东轻工业学院整体搬迁至长清新校区，原有第一条国产精酿啤酒生产线已不能满足学生实习、教学科研、生产培训的需求，于是学校又投资 100 余万元建成了日产 1000 升的精酿啤酒生产线，目前产量和质量均居全国高校之冠。

2008 年，南京欧菲啤酒厂成立，被家酿发烧友认为是市场化的第一个精酿啤酒厂，后改名南京高大师啤酒。创始人兼酿酒师高岩，被誉为“中国普及精酿啤酒理念第一人”。

2011 年 5 月，高岩出版《喝自己酿的啤酒》一书，成为中国家酿爱好者的教科书。

1.2“精酿”定义

“精酿”英文为craft beer，2011 年它的中文名称被译为“手工啤酒”“工艺啤酒”“微酿啤酒”“精工啤酒”“工坊啤酒”“家酿啤酒”“自酿啤酒”等。

2012 年 7 月，中国酒协拟成立一个管理全国小型啤酒屋的专业机构，当时以“微酿”作为名称。

2012 年 10 月，在南京第一届“大师杯”全国自酿大奖赛上，来自全国的顶级自酿啤酒发烧友定名为“精酿”。

关于“精酿啤酒”的定义，国内权威研究机构齐鲁工业大学中德技术中心，根据中国实践与市场特点做出了阐释：“采用质量上乘的原料，以精心研究的工艺，通过精良的设备酿制的质量稳定、层次丰富、香气浓郁、口味独特、个性化的高端啤酒，即可定义为精酿啤酒。”

1.3 精酿元年

2012 年被精酿啤酒行业内部一些活跃人士定义为精酿啤酒元年。2012 年起，超过 20 个城市成立“家酿啤酒协会”“自酿啤酒协会”，自酿爱好者数量达万人。

1.4 行业媒体

2013 年，啤酒进口商益精行商贸有限公司产品推广类杂志《啤酒花》风靡精酿啤酒圈，在酒吧终端投放。

2014 年，杂志《喜啤士》出街。

2015 年，微信公众号“啤博士”诞生。

2015 年底，APP“酒花儿”上架。

1.5 品牌入市

2013 年春，精酿品牌陆续从酒吧投放市场，南京高大师、成都丰收、北京沫颜、熊猫精酿、武汉十八号先后进入市场，他们代表了中国精酿啤酒革命的起点。

2016 年 1 月，熊猫精酿获得超过 2000 万元融资，以此为起点，精酿啤酒吧终于开始集体转型，各地领先的门店品牌开始带头向扎啤转型。

2016 年 5 月，牛啤堂在邯郸的“优步劳”代工生产，装瓶上市，开启了国内的精酿啤酒品牌“借牌照做品牌”的模式。优步劳作为代工厂，接了拳击猫、京 A 等知名品牌的单。

2016 年 8 月，位于崂山脚下的青岛吉斯波尔精酿啤酒有限公司罐装产品上市，成为精酿啤酒业的一匹“黑马”。该公司由中国著名软体家具制造商吉斯集团投资上千万建成，是该集团“大健康产业”商业版图上的最新版块，凭借雄厚的实力，起步就成为行业翘楚。

2015 年 10 月，武汉十八号的跳东湖瓶装上市。

2016 年 12 月，成都丰收的易拉罐灌装线组装完成。

1.6 大厂转型

大型啤酒厂开始转型，青岛啤酒在京举办了“青岛啤酒精酿啤酒品鉴会”，主打 IPA，开启了精酿的全球巡回活动，在各大城市推广精酿啤酒，并展现酿造全过程。

燕京也在“北京国际燕京啤酒文化节”上推出三款精酿啤酒：琥珀艾尔、IPA 和世涛。

珠江推出了“雪堡”精酿系列产品。

世界第一大啤酒公司百威英博不断地兼并收购美国的精酿酒厂，鹅岛、Elysian、Wicked Weed 先后被并购。

世界第二大啤酒公司的喜力集团也收购了美国第六大酒厂 Lagunitas 的一半股份。

比利时的督威 (Duvel) 也与火石行者 (Firestone Walker) 在北美合并。

跨国啤酒集团不断吞并精酿酒厂，强力拓展中国市场。

1.7“国家队”入场

2016 年 9 月，“中国轻工机械协会精酿啤酒技术及设备专业委员会”议案和《中国轻工机械协会精酿啤酒技术及设备专业委员会管理办法》在中国轻工机械协会五届三次理事会上审议通过。这标志着中国精酿啤酒的“国家队”正式入场。

“国家队”入场，对于行业规范发展意义深远，精酿啤酒市场的“乱象”有望得到整顿与改善。

2. 中国精酿啤酒市场发展趋势

从 2012 年的“精酿元年”到 2017 年，北、上、广等一线城市涌现出一大批精酿先锋品牌，藉由他们对“精酿文化”的普及，精酿啤酒得到了快速发展。以民间形式存在的各种“自酿协会”“家酿协会”“精酿协会”如雨后春笋般涌现，业内人士估计有超过 20 个城市成立了地方协会组织，这些组织聚集了上万精酿“发烧友”，经由他们向更多消费者传播精酿啤酒消费体验与文化。

精酿啤酒在中国市场虽然是舶来品，但在各方努力下，发展空间巨大，未来可期。

2.1 高速增长

资料显示，尽管近几年中国市场啤酒销量连年下滑，仍处在深度调整期，精酿啤酒占整个啤酒总产量不足1%，但增长速度高达40%左右，成为投资热点。2015年后，国内主流啤酒大厂如青岛、燕京、珠江等纷纷试水转型，投资精酿产品生产线。

2016年，根据国内小、微酿造的麦芽消耗量和设备新增量，中国精酿啤酒的市场份额占比仍然不到1%。有专家预测，近期精酿市场的份额有望提升至3%。远期来看，中国啤酒市场中精酿产品的占比会始终低于美国，但最终可达到15%左右。

精酿啤酒市场发展空间很大，具有足够的想象空间。

2.2 量少利大

根据2017年“中国国际精酿啤酒展览会”发布的数据，国内主要的大型啤酒品牌最近5年纷纷开始涉足精酿啤酒行业。从2016年开始，中国啤酒行业的竞争焦点，从低价抢“地盘”向产品升级增利润转变。青岛啤酒、百威中国、珠江啤酒等大型啤酒集团在中高端精酿啤酒市场发力，产品结构不断优化，凭借其强大的实力，迎来“产量缩小、价格提升、利润增高”的市场格局。

在酒吧、啤酒屋等零售终端，精酿啤酒凭借客单价约为8～120元，啤酒品类的营业额提升了约30%以上，成为终端利润主要来源，受到商家的青睐。

数据显示，精酿啤酒的出厂价格约为一般工业啤酒的3～10倍，大多数为5倍左右，工业啤酒难以望其项背。

根据某研究报告显示，精酿啤酒的毛利率约为50%左右，净利润率高达约

30%左右，大大超过工业啤酒的利润。

2.3 资本进入

精酿啤酒的高速发展与高利润，引发了资本的关注与投入的主动性。国内知名的熊猫精酿，于 2017 年 5 月份完成了 A 轮融资，融资额高达 1.19 亿人民币，引发了行业内外的关注。从 2014 至 2016 年，熊猫精酿的销售额一直保持着 300% 的增长，2016 年的营收更是高达 4000 万元。“熊猫模式”，是精酿啤酒行业与资本嫁接的开端。

2016 年 8 月，青岛吉斯波尔精酿啤酒有限公司由中国著名软体家具制造商吉斯集团投资上千万建成，是该集团“大健康产业”商业版图上的最新版块，藉由其雄厚的实力，起步就成为行业翘楚。“吉斯波尔模式”可以说是我国不同行业跨界融合的开端。

据啤博士提供的资料，世界第一大啤酒公司百威英博不断地兼并收购美国的精酿酒厂，陆续将芝加哥的鹅岛、西雅图的 Elysian，以及北卡的 Wicked Weed 招之麾下。第二大的喜力集团也收购了美国第六大酒厂 Lagunitas 的一半股份。比利时的督威（Duvel）也选择与火石行者（Firestone Walker）在北美合并。这些国际巨头，通过并购增加精酿份额，无不看好中国精酿啤酒市场这座“金矿”，加强布局与拓展力度。“跨国集团模式”，是外国巨头开辟中国精酿市场的开端。

2.4 巨头转型

2016 年数据显示，中国啤酒总量同比下降约 0.1%，年产值为 4506.4 万千升，连续几年保持负增长态势。据欧睿的数据显示，啤酒的总销售额在去年下降了 4%，销售额下降率远超销量下降率，利润率下降。

目前，华润雪花、青岛啤酒、百威英博、喜力和嘉士伯五大巨头瓜分中国啤酒市场，2014年来持续的负增长与高端啤酒高速增长，使行业巨头开始转向，增加了高端啤酒的投资与生产。依靠“总成本领先”的竞争战略和靠规模效应取胜的竞争模式已经式微，高端啤酒的时代已经来临。

一是市场进入深度调整期，工业啤酒销量与销售额持续下滑；二是进口啤酒大量进入中国市场，获得消费者的青睐；三是高速增长的国产精酿行业，带着与生俱来的以工业啤酒为敌的天性加以舆论攻击。三方面的合力夹击，使得工业啤酒巨头转型应对，推出自己的精酿产品，并凭借其实力，迅速获得市场认可。

2.5 消费升级

精酿啤酒高速发展最坚实的基础是消费升级。中国的啤酒消费，由“喝饱”向“喝好”转变。

中国“中产阶层”的崛起，为啤酒消费升级奠定了物质基础；精酿啤酒的小众、自由、创造性文化，为啤酒消费升级奠定了精神基础；信息化时代使世界变成了“地球村”，打开了中国消费者的视野，消费升级随之而来。

3. 中国精酿啤酒市场存在的问题

3.1 政策尽快出台

精酿啤酒并非起源于美国，但美国成为全球“精酿运动”的领导者，除了美国的市场与文化土壤，美国酿酒师协会（Brewers Association, BA）简称作为行业协会起到了重要的推动与保护作用。

目前我国对小微啤酒厂的政策，套用国有大啤酒厂的标准。精酿在我国发展时间短，初期以酒吧自酿、啤酒屋自酿、家庭自酿等形态存在，想要完成市场化，面临资金投入、达到国家标准取得生产许可证等瓶颈。寻求“代工模式”，由于工业啤酒与精酿啤酒在生产设备、酿造工艺方面的差异，也难以满足精酿生产的需求。按照我国相关规定，有活酵母残留的啤酒、鲜啤酒，保质期不能超过一个月。大部分精酿啤酒由于不过滤，不使用巴氏消毒法消毒，以此保证新鲜度、适口感及丰富的营养成分，较短的货架期无法满足商家与终端的需求。国家没有相关政策、标准来促进精酿啤酒的发展，在工业啤酒负增长的情况下，进口啤酒爆发式增长，填补了中国市场上对高端啤酒的需求。

精酿啤酒要实现良性发展，需要国家政策与标准的出台与引导，像美国酿酒师协会一样，成为小微啤酒厂与政策之间的桥梁。

3.2 行业协会引领

目前，属于纯粹民间组织的家酿、自酿协会蓬勃发展，但基本上属于家酿爱好者的小圈子，仅限于基本的精酿知识与文化普及，以及自酿经验交流，处于“自娱自乐”阶段。

中国精酿啤酒协会属于草根民间组织，聚集了一些精酿品牌与领军人物，为我国在普及精酿知识、传播精酿文化、创造多样性精酿产品、组织精酿啤酒大奖赛等方面，做出了积极努力与探索，在这些“布道者”的努力下，更多的中国人了解了精酿啤酒。但是，该协会在推动国家政策、标准制定方面，显然力不从心。

中国酒业协会啤酒分会，对精酿啤酒的发展也很关注，并表示要在标准制定方面加以推进，以便对众多小微啤酒厂、啤酒屋、酒吧进行管理，近期可能出台相关标准。

2016 年 9 月成立的中国轻工机械协会精酿啤酒技术及设备专业委员会，被精酿业内人士视为“国家队”，并寄希望于“国家队”的入场，能对行业进行约束与规范，包括对小微啤酒厂入市的法律法规方面的起草与制定，对行业发展起到积极促进作用。

3.3 概念营销过度

美国酿酒师协会为增加消费者对精酿啤酒的认知度，推出了精酿啤酒标识，消费者在购买时认准标识即可以“按图索骥”，不用担心买到“伪精酿”。

目前国家对精酿啤酒尚未建立标准，“精酿”在一定程度上成为一个营销概念，并出现概念营销过度的状况。还有一些涉嫌欺诈营销的产品，看到精酿市场有利可图，贴上“精酿”标签浑水摸鱼。

3.4 消费认知薄弱

啤酒是舶来品，精酿啤酒的名称在中国仅仅 5 年多时间，期间还混杂着“家酿”“自酿”“工坊”“扎啤”“微酿”“原浆”等称谓，消费者对于精酿的认知基础还很薄弱。

2014 年进口啤酒增幅高达近 90%，2015 年增幅近 60%，2016 年进口啤酒总量达到 64.64 万千升，同比增长 23.3%，占到中国啤酒产量的 1.2%。进口啤酒的爆发式增长，正是抓住了国产精酿啤酒尚未发力和啤酒巨头尚未转型的空档期，一方面满足了啤酒消费者消费升级的需求，另一方面普及了啤酒知识。大部分进口啤酒消费者相信进口啤酒品质更高、口味更多、选择更多，同时满足了“面子消费”的需求，至于“精酿文化”，限于基础知识层面，很少有人像精酿啤酒发烧友那样因精酿文化而酿酒、品酒。这个现状，跟红酒消费的初级阶段很相似。

更多中国消费者对德国啤酒极为拥趸，这与诞生于1516年的《德国啤酒纯净法》的影响有极大关系，殊不知，现在领导精酿潮流的是美国。超高的利润率，使得国产精酿在发展初期，被进口精酿与啤酒巨头的精酿抄了近路。

这些行业内部的变革，对于广大消费者而言，相当陌生且漠不关心，导致出现没有“精酿文化”的精酿市场。在消费者心目中，精酿啤酒与工业啤酒的分别，不过价格个为衡量指标：高价啤酒与低价啤酒。

3.5 精酿品质有待提高

精酿啤酒的高利润，近年来在啤酒行业销量持续下滑的市场现状下，迅速成为资本青睐的“投资洼地”。资本的逐利本性，使得进入精酿啤酒行业的资本把经济效益放在第一位，偏离了精酿啤酒小微、个性、创造、自由、多元、精心酿造的文化内涵。

据业内人士估计，全国超过200家精酿设备供应商，约90%为一般的不锈钢加工厂，从业人员大多是非专业技术人员，这使得精酿啤酒生产的“基础设施”这种硬件不够“硬”。

精酿啤酒行业的专业技术人员还较为匮乏，极少数是靠自酿摸索出一些个人经验，大部分来自传统工业啤酒厂，对精酿工艺与文化同样处于摸索阶段，精酿啤酒生产的“软件”还是“软肋”。

从原材料角度看，我国的精酿啤酒所需主要原材料如麦芽、啤酒花，还严重依赖进口，因此在原材料采购环节，精酿啤酒厂家也存在较大差异。

由于缺乏国家标准与监管，一些小作坊贴上精酿标签的所谓精酿啤酒，在卫生条件、生产工艺、品质控制等方面还存在若干问题；市场上还有“伪精酿”浑水摸鱼，较差的体验感令消费者失望，并产生错误印象，使精酿啤酒的美誉度受到损害。

成就精酿的条件：具有工匠精神的专业技术人员；精良的设备；精益的酿造工艺；精挑细选的高品质原材料等。

4. 中国精酿啤酒市场的四种模式

4.1 自酿模式

自酿模式的操作者主要是精酿发烧友。

这个群体是中国精酿啤酒市场的“星星之火”，早期以美国精酿为师，以美国标准为标准，以美国精酿文化为文化，以嘲笑工业啤酒为能事，对我国精酿啤酒的发展做出了贡献，正是他们的自酿实践、精酿科普、文化传播，倒逼大型啤酒厂涉足精酿，也使得进口啤酒的增长势头得以遏制。

由于现有国家政策的限制及其自身资金实力，这部分群体难以跨越以品牌进入市场这个门槛，而是以啤酒屋、酒吧自酿、家庭自酿等形态存在，并深度影响自酿爱好者。可以预见，在这个群体的带动下，中国的自酿爱好群体会不断发展壮大。

4.2 专业精酿模式

2016年，多个精酿啤酒品牌瓶装上市，是行业进入品牌时代的标志性事件。

国产精酿啤酒进入品牌时代，一种是走“OEM”路线，可谓“曲线救国”；一种是自建工厂路线，凭借不懈努力或借助资本的力量推动品牌上市。

无论是“OEM”，还是自建工厂，都称之为“专业精酿模式”，即专业做精酿啤酒。这个群体将成为中国精酿啤酒的中坚力量，将企业全部资源聚焦于精酿啤酒，不遗余力地去推广精酿产品与精酿啤酒文化。

专业精酿模式，以熊猫、吉斯波尔、优步劳等为代表性企业。

4.3 大厂精酿模式

传统啤酒大厂在啤酒行业已经形成寡头集团，在行业深度调整期，也需要增加高品质啤酒份额，在精酿啤酒品类里分一杯羹。

目前，各个啤酒巨头都推出了自己的精酿产品，并凭借强大的市场资源进行了宣传推广。啤酒巨头做精酿，会对整个行业产生积极影响，以其实力，对消费者进行精酿啤酒概念普及、消费教育，会加快消费者对精酿啤酒认知的速度。

4.4 进口精酿模式

进口啤酒在中国市场的占有率在 2016 年达到 1.2%，而国产精酿啤酒市场份额约 1%。尽管进口啤酒包括大量非精酿啤酒，但仍然是国产精酿啤酒最直接的强劲竞争对手。在消费者端，在国产精酿啤酒未获得信任的情况下，选择进口品牌是不二选择，除了对进口品牌的信任之外，也是消费能力与身份的象征。

8. 不忘初心，恒者为大

2013 年岁末，房产大鳄恒大宣布百亿进军高端矿泉水业；2014 年 8 月，恒大宣布千亿进军粮油、乳品业；2016 年 9 月 28 日，恒大宣布出售矿泉水、粮油、乳业三项业务的全部权益。

恒大做水，打出“一处水源供全球”时，我认为就站在了一个“独孤求败”的位子上；当在 2016 年看到恒大在 CCTV、封神榜等打出“全国统一零售价 2 元”的广告时，我认为可能要清仓大甩卖了；当年召开全球最大招商会的恒大粮油，堆头出现在大众化酒店时，我认为这是兜不住底的先兆……作为策划人，我深信如此大公司由房地产而快转向消领域，及至甩掉快消领域专注于房地产，一定是基于战略层面的重大布局，进退有据。

常常听一些老板“吐槽”自己所在的行业如何如何难干，产生了一种类似职业倦怠的行业倦怠，想寻求自己喜欢的行业去建新功、立新业，开始产业延伸与多元化的探索。这些探索者，有成功的，但大部分谈不上成功，我将这种现象总结为关于多元化的“围城现象”：在自己不喜欢的行业里挣钱，到自己喜欢的行业里去赔钱。

当然，有人会反驳这种观点，多元化成功的案例多得很，但那都是别人家的成功。有人会说“隔行不隔理”，没什么不可做的，但可能就忘了“隔行如隔山”。既然如此，那就不走多元化的路了吗？不能一概而论，视环境条件而定。我倒是很欣赏恒大的做法：打得赢就打，打不赢就走。

“工匠精神”写进李克强总理的政府工作报告了，因此成为反思中国制造的一个小切口。何为“工匠精神”？我认为，就是持之以恒，专心、专注、专精、专业，就是怀一颗敬畏之心去专注做事，就是意味着舍弃，而舍弃是世界上最难的抉择。因为割舍不下，在做定位时，明明是舍弃、聚焦，但在做的过程中又成了做加法。

早在2003年，我就曾预测，社会分工愈细化，愈需要大整合，会走向“房地产模式”。房地产公司拿了地以后，建筑设计公司、建筑施工公司、监理公司、园林绿化公司、销售公司、广告策划公司、物业公司……专业资源为开发商所用，按标准选择合适的即可，这不是先进的商业模式吗？

不忘初心，恒者为大。

第三章　营销

消费者不是专家。专业人士常常讲这句话，但做起来往往将这句话抛在脑后。

1. 蚂蚁哲学

有一家中小型白酒企业，被某大型酒业集团并购。集团公司派出一位重量级技术老总来担任董事长，新任董事长旗帜鲜明地提出了“做小而美的酒厂”的战略路线，迅速以“一箱酒也定制”的“服务营销”赢得口碑和市场，这在白酒行业可谓难得一见。

更值得一提的是，这位董事长，在中国白酒行业内是技术大佬，是中国白酒酿酒大师，注重把产品品质放在第一位。在发展规划上也一样接地气、求真务实，公司上下生机勃勃，“小而美”的未来清晰可见。

我想，这可以称之为“小而美的蚂蚁哲学”。

吉姆·罗恩有一篇流传很广的文章，题目是《蚂蚁的哲学》：

多年来我一直给年轻人传授一个简单但非常有效的观念：蚂蚁哲学。我认为大家应该学习蚂蚁，因为它们有令人惊讶的四部哲学。

第一部：蚂蚁从不放弃。如果它们奔向某个地方，而你想设法阻止它们，它们就会寻找另一条路线。从不放弃，一直寻找一条路线奔向它们想去的地方。

第二部：蚂蚁在夏天就为冬天做打算。多么深刻的洞察力！不能天真地认为夏天会永远持续下去，所以即使在盛夏，蚂蚁也积极地为自己储备冬天的食物。

第三部：蚂蚁在冬天里想着夏天。在气温变暖的第一天，蚂蚁就会出去活动；如果气温变冷，它们再返回洞里。不一味地等待，就这样蚂蚁永远会在气温变暖的第一天出去。

蚂蚁哲学的最后一部：蚂蚁在整个夏天会为冬天准备多少食物呢？竭尽全力储备尽可能多的食物。多么令人叹服的哲学——全力以赴！

这就是伟大的蚂蚁哲学的全部：从不放弃，深谋远虑，积极进取，全力以赴。

哲学是一门给人智慧的学问，是指导人们生活得更好的艺术。而企业界的“蚂蚁哲学”，则是给经营者以智慧，指导品牌管理者将品牌修炼得更好的艺术。

无论是自然界还是企业界的“蚂蚁”，都和“小”关联在一起。在以大为美的浮华时代，“蚂蚁哲学”诠释了“小而高、小而大、小而精、小而美”的企业哲学。

小而高。古人云：“不谋全局者，不足以谋一域；不谋万世者，不足以谋一时。”小的前提是有全局观，能够系统地看待问题，能够找出主要矛盾和矛盾的主要方面，“高处着眼，小处着手”，这就是“小而高”。这就是“蚂蚁哲学”的深谋远虑。

小而大。大与小是相对而言的，有个参照系。“做池塘里的大鱼”，这个池塘里的大鱼，和大海里的鲸相比，就微不足道了。某个行业大佬，总结自己的经验时，其中一条：不能在一省做老大，就在一市做老大；不能在一市做老大，就在一县做老大；不能在一县做老大，就在一镇做老大……总之，在小市场要做老大，才是大道。这就是“蚂蚁哲学”的积极进取。

小而精。营销的精准，在于确立细分市场里的细分顾客，这就是定位的过程，也是懂得舍弃的智慧与艺术。营销的一个基本理念，就是每一款产品都不可能满足所有顾客的需求，只有以市场上的部分特定顾客为其服务对象，这即是“小而精”。我们面临太多的诱惑，发明了“系列”，某系列针对某群体，但是系列多了，就没有针对性了。这就是“蚂蚁哲学”的从不放弃。

小而美。营销是一个系统工程，所需资源巨大，而资源短缺又是普遍现象。在这种情况下，“多点爆破、全面开花”的丰满理想会被现实的骨感击破，“集中优势兵力打歼灭战”，集小胜为大胜，方为上策，此即“小而美”。这就是“蚂蚁哲学”的全力以赴。

“小”不仅是营销上的“蚂蚁哲学”，也是企业的战略抉择。行业的发展规律，是高品牌集中度，话语权集中在少数大品牌那里，是市场的“霸主”；中不溜儿的跻身一线的成本愈来愈高，偶尔“鲤鱼跃龙门”，但大多可能沦落；定位“小而美”的公司，可能在夹缝中活出真我。

2. 何为工匠精神

李克强总理在政府工作报告里提了一个“工匠精神”的词，很快成为一个全社会都流行的“热词”。一直处于社会底层的工匠终于精神起来了，各种“工匠工程”拔地而起。

工匠精神，在这个盛产口号、善于揣测上意的社会上走红，也没有什么奇怪的，“网红”一时而已。口号所倡导的，往往是目标，说白了，口号喊得越响，恰恰是最缺乏且做不到的。

在一个浮躁社会里，最缺乏的是认认真真、踏踏实实做事的工匠精神，连大国总理都看不下去了，借政府工作报告一吐胸中块垒。

总理振臂一呼，工匠响应者云集：“本土工匠派”，从博大精深的中国传统里找“工匠精神”，案例不胜枚举；“西洋工匠派”，则奉他国工匠为师，对工匠传承的一些长寿公司推崇备至；“非遗传承派”，则迎来了新的春天，又可以大展身手了；……

人是一种很奇怪的动物，拼命地喜新厌旧，然后再拼命地怀旧。对于工匠精神的理解与诠释，走向“怀旧”“复古”也就顺理成章了。但问题是：世界潮流浩浩汤汤一往无前，没有人能回到过去了。

工匠精神的精神是持之以恒的传承，本质则是持之以恒的创新。

我们国家搞了一个“非物质文化遗产”项目，认定一些项目的传承人，以资鼓励，因为这些项目都面临着失传的危险境地。我们国家还认定了很多“中华老字号”，但很多还是在大时代里老去，被消费者彻底遗忘了。如此种种，正是贴了工匠精神标签的，是工匠精神的标本，缘何无可奈何花落去？我看，问题出在徒有其表上，表面上是传承，内里因为没有创新，终将逐渐被时代淘汰。

没有创新的工匠精神，不过是熟手罢了。以我拙见，我们要践行以创新为驱动的工匠精神，秉承持之以恒的工匠精神，持之以恒地去创新，大国才能真正崛起。

3. 工匠精神很贵的

早先曾经看过一篇总结“老干妈”豆豉辣酱成功学的专家长文，真长啊，费了好大劲儿拜读完，其实近万字研究了仨事：“辣酱好吃，价格适中，方便购买。”

前段时间，到东非的肯尼亚旅行，可口可乐的广告几乎无所不在，户外、终端门头、可口可乐瓶子造型的售货亭、遮阳伞与配套的塑料桌椅等，随时冲击人的视觉。据说在非洲，那里的人们领了周薪、双周薪可能就不上班了，拿钱去买可乐喝，花完了再寻思去挣钱，然后再买可乐，这个权当段子听听罢了。让我们自豪的是，华为的广告虽然没有饮料广告多，但也是压倒性的，在非洲市场是高端品牌。可口可乐的成功秘诀：“看得到、买得起、买得到。”

近年，《一个插线板卖了21年，沃尔玛常断货，它凭什么这么牛？》这篇文章在微博、微信多有转发，写“公牛插座”的成功之道，主要是说：“产品好，方便购买，广告多。”

老干妈、可口可乐、公牛……成功是相似的，行业各有各的不同。

产品好，有专业专注的“工匠精神”，一门心思打磨一个产品，让产品用不坏。任正非在与华为日本代表处员工座谈时，就讲了自己家的日本品牌洗衣机用不坏的事儿。有文章提到，公牛也曾搞过节能灯，与插座都是五金产品的渠道，但试水后感觉水深，果断上岸了，一心做好插座。想做好插座，就要有创新，就要搞研发，防雷插座、桌脚插座、装饰插座什么的，都很人性化。

购买的便利性，就是渠道建设覆盖率高。可口可乐曾有豪言：有人的地方就有可口可乐。事实上，可口可乐才是真正的“深度分销”，一个社区的商业零售网点分布情况，除了居委会、城管、片儿警，掌握详情的恐怕当属可口可乐了，一个一个社区连接起来，就能绘出一个城市的商业版图。公牛插座也将零售网建到了县、镇、村，“牛奶怎么卖，可口可乐怎么卖，插座就怎么卖”，销售终端50多万个。

广告多，重复重复再重复，让消费者尽可能地记住品牌，一旦有购买意愿时，进入其头脑中的品牌目录进行选择，甚至指牌购买。“有公牛的地方就有五金店，有五金店的地方就有公牛”，公牛为15万家销售终端免费做店招，等于树立了15万块广告牌。可口可乐一位老大曾经说：如果毁于一场大火，凭可口可乐的品牌就可重建（大意如此）。这块牌子，就是由一百多年巨额广告费铸成的。

很多广告主在与服务商合作时，常常要求“花小钱、办大事，不花钱、也办事”，用以压低费用预算。成本控制，理所应当，服务商也应当以成本控制为第一要务，但是要控制在合理的区间，像机场大师哇哇地讲“砍掉成本”，听爽了也就算了。而服务商为了生意，也迎合这种需求，承诺自己的专长就是“低成本打造品牌”。我一度是“低成本打造品牌”的鼓吹者之一，在“低成本”这个坑里打转转，试图说服广告主，自个儿也相信这套东西。时过境迁，回首审视，羞赧地收回了这种特定市场阶段的“低成本观”，很多理论在市场巨变中变得不合时宜，不好使了。

要做好产品，研发创新耗资巨大，国际大药厂研发一种新药要七八年时间，还不一定成功；要建高覆盖率的渠道，人力、物力、财力一个都不能少；要投放广告，明知一半是浪费的也要“烧钱”，还要有持续性。因此，一个点子救了一个企业，一个卖点盘活市场，一支广告打天下，一招出奇制胜，低成本打造品牌……统统不灵光了。“工匠精神”，知易行难，表面是专心专注，做起来需要系统支撑，很贵很贵的。

4.IP 营销变不了天

最近研究互联网 IP 营销，“吃”资料是第一步，看了几本书。其中有两本书：一本是吴声的《超级 IP——互联网新物种方法论》，号称“首部 IP 化生存和运营案例教科书”，当然，吴声的上一本《场景革命》也有很大影响力；另一本是高德的《超级 IP——互联网时代的跨界营销》，号称是“互联网 + 时代超级 IP 实操手册”。

两本书都有很丰富的全球化案例，思想、方法表达各异，但有不少是。这或许是因为两位作者在认识上的差异，导致体系构建、叙述表达方面的不同。

IP(Intellectual Property)，吴声的定义是“知识产权 (Intellectual Property Right)”。在移动互联网时代，信息过剩注意力稀缺，从而产生 IP 化表达，并使 IP 成为新的连接符号与话语体系。而高德的表达则是：IP 的核心内涵是“跨媒介创意及内容营销”，它不是产品，不是品牌，而是整个创造和传播的商业过程。

营销理论创建以来，随着时代变迁，不断迭代更新，但都不及互联网时代的 IP 营销成为一种网红概念来得耀眼。但不管时代、信息、技术、场景……如何变化，人性不变，也即意味着营销的本质不变，变化的是资源、平台、客户需求等显性外在条件。营销，就是基于人性深刻洞察的交易，IP 营销的成功案例，是在互联网时代对人性深刻洞察的交易成功。

所以说，IP 营销作为一种营销方法，变不了天。

不管如何“跨媒介创意与内容营销”，目的都是要打开顾客的钱包，而 IP 营销，就是“粉丝”愉快地自掏腰包。

两本书的作者都是专业人士，提供了很多有趣的案例。不过，最后还是要“吐槽”一下吴声老师，在《场景革命》与《超级 IP——互联网新物种方法论》两本书中，都在强调“这是一本只有年轻人才能看懂的商业教科书”，我则认为，“这是一本只有极少数人才能看懂的商业教科书”，如果只有年轻人能看懂，IP 就不那么好玩了。“粉丝”都看明白了，还会哭着喊着叫着笑着疯着去“捧场”吗？

5. 不要“产品过剩主义”

我到一家医疗器械公司去参观，在产品展厅，被产品创新所震撼，一些产品已经超过了行业第一的国外产品，有的则在国内市场完全独一份。企业的价值观很好，投入巨资多年时间搞研发，研发出了上百种产品，目标消费人群全龄化。

这是一家典型的技术驱动型初创公司。

虽然对这个行业并不熟悉，但对产品及其功能的初步了解，按照经验来判断，市场有容量，消费者有痛点，企业有核心技术，基本面很好。关键是，这么多好产品如何推向市场？

麻省理工学院第一次来中国推介其研究成果，让人深有感触：世界顶级的研究成果，也面临着商业应用的难题，不得不主动跑到中国来做推介，开拓商用途径。

潮水退去，才知道谁在裸泳。营销界近年来在反思：营销驱动时代已经过去，回归原点，产品力才是王道。于是，营销界又在倡导“产品主义”，强调做好产品的重要性。

产品是根本，是用户良好体验的载体。“产品主义”是正道，那问题又来了，应该奉行什么样的“产品主义”？

我认为，要“产品聚焦主义”，不要“产品过剩主义”。

“产品过剩主义”，我认为有两个方面：一个是“细分过剩”，就是一个产品的细分可以系列化，儿童型、男士型、女士型、青年型、老年型……总之能找到相匹配的消费群体，可以细分下去，这还是站在生产者角度的一厢情愿；另一个是“技术过剩”，技术驱动的企业为产品附加了太多功能，但对于消费者来讲，大多数功能根本用不到，这个大概可以叫作“技术过剩”，提供了很多用不到的东西，比如智能手机，集合了那么多的功能，很多是摆设。技术驱动是一个优势，“过剩”也可能成为羁绊。

与之相对应，我提倡“产品聚焦主义”，尤其是初创型中小企业，主要在三个方面聚焦：一是产品功能“聚焦”，聚焦到一个核心点，即消费者最痛的痛点，虽然产品功能很宽泛，所有的都讲等于没讲；二是产品线“聚焦”，要收缩，要推明星大单品，销量起来了，有“大单品”做代言，后续产品也就水到渠成；三是产品推广“聚焦”，初创公司大都资源有限，在推广上要集中发力，集中一点进行突破，否则就成了“撒芝麻盐”。

聚焦的本质是定位，定位的本质是放弃。

6．“二师兄”，挺住！

忽如一夜春风来，黑猪肉店到处开。

某次，参加报社组织的一个“特产保卫战”座谈会，得知国家有“黑猪”保种名录，全中国就几十家吧。可见，本土“黑猪”到了非保卫不可的地步，也愈发凸显其珍贵性。

市场总是“春江水暖鸭先知”，各种“黑猪”纷纷涌入，且以约60—120元一斤的价格令吃瓜群众惊艳。黑猪肉的专卖店，开在干部社区、富人区、高档卖场，定价与选址毫无疑义地指明走和是“三高路线”：高端定位、高端定价、高端人群，产品的礼品属性也很明显。与大多数“三高路线”产品相类似，消费形态上依然是“买者不吃，吃者不买”。

黑猪肉何以“显贵”？喂绿色食物、吃中草药、住天然别墅、洗温水澡、听轻音乐、做健身操、开运动会、享《动物福利法》、上各大媒体……都是颠覆性概念，贵得有理由。

广告的本质是制造自卑感。当吃瓜群众通过各种广告形式了解了“黑猪为什么这么黑”，顿生自卑感，一些中老年人则认为：就是我们小时候农村自家养的“菜猪”，咋就上百块钱一斤呢？说明一个事：物价上涨了，当年的“菜猪肉”现在吃不起了。

可以说，“黑猪肉”一入市场，就奠定了其在猪肉家族里的纯种贵族血统，把饲料猪肉甩了好几条街，绝对“黑富美”。

我居住的社区附近开了一家有较高知名度的黑猪肉直营店，趁乘着开业的喜庆，前去观摩一番。价格因素敏感度最高，与店员先聊价格，店员显然训练有素，娓娓道来高价的原因。其实，按照店员的话术，卖这个价好像还蛮合理。以“市场眼”来观察，产品还是有缺陷，即鲜品都是冻品，是“冻鲜肉”而不是“冷鲜肉”，这个在产品体验上，有不小的折扣。如果能解决真正的“冷鲜肉”配送，这么高的价格尚可理解，算是“黑到家”。

又过一段时间，还是路过这家黑猪肉店，第二次观摩，发现多了一个品种：真空包装的黑猪熟制品。当然，真空包装了的黑猪杂碎什么的，价格同样不菲，这是黑猪的杂碎，不是一般商品猪的杂碎，血统高贵。

再过一段时间，路过这家黑猪肉店，发现店门口支起了一摞摞蒸包子的笼屉，招牌上显示：黑猪肉包子……职业敏感判断：黑猪肉销售较差，这是“跨界”到快餐领域做销售了。这次，没有进店观摩，也没有了解包子定价的兴趣。按照黑猪肉的价格，这包子应该是超高定价，但包子是最普通的大众小吃，超高定价又不符合消费的逻辑。

定位不是一成不变，但在一个市场阶段要有坚持定位的“定力”，高端定位就意味着舍弃走量的市场部分，既要高端又要走量，显然是悖论。上个中端系列，再上个大众系列，或者是推出副品牌，“乱拳打死老师傅”，拳乱了，能不能打死老师傅，不好说。

“三高”黑猪肉，既然确立了路线、方针、政策，就要到“西天取经求正果”，不要老想着回高老庄了。

真诚地说一句：二师兄，挺住！黑就黑到底。

7. 潜水是个什么产品

互相羡慕是世界上最美好的感觉之一。比如，不同行业的人，因为彼此知之甚少，就会相互羡慕对方选择了一个好的行业。一旦有所了解，才发现：这个行当水很深啊。

对我来说，潜水这个行业就是这个样子，刚开始因为不了解，以为是个很小众的行业，但仅仅在案头研究阶段，就发现，水深，深深不知深几许。

朋友因为深爱潜水，萌生创业想法，在东南亚某个国家开潜店，以中国潜水爱好者为目标受众。

还是到市场上去寻找答案吧，于是，2015 年岁末，我开始了温暖的马来西亚潜水之旅。

从吉隆坡机场转机至巴沙州的斗湖机场，然后乘坐包车，还要在窄巴巴的公路上行驶一个多小时，才到达潜水胜地——仙本那（Semporna）。

仙本那是一个镇，不大，商店、酒店、饭店都是华人在经营，镇上最雄伟的建筑物是“中华商会”。我们住在镇上，每天早上乘坐潜店的快船，与潜导到潜点去，下午四点左右返回。一周时间，去了邦邦岛、马达京岛、卡帕莱岛和马布岛，都是潜水者心目中的“圣地”。

潜水属于极限运动，必须要考证。我此行不为考证，故一个人悠悠哉，戴上面镜浮潜。每个潜点各有千秋，看海龟、看鲨鱼、看珊瑚、看“海狼风暴”，各有去处。浮潜虽不能深入海底世界，探访未知的海洋生物，已足以令我眼花缭乱，目不暇接了，直接就像进了大观园的刘姥姥，看啥啥稀罕。

人类有一个终极问题：为什么活着？我有一个看法，作为高等动物的人，活着的意义就是对未知世界的探索。就像这浮潜，已经认识了一个非凡的海底世界，如果是深潜，又将是一幅什么样的景象，又能够看到哪些前所未见的海底居民？所以，潜水爱好者最乐意搞海底摄影，然后在互联网上进行分享，是潜水的乐趣之一。也有人形容，当潜入海底，就像重新回到了母体，远离尘世纷繁，除了安静，还是安静。浮潜累了，就仰浮在海面，仰望天空，纯净的蓝天，纯洁的白云，除了心静，还是心静。

几天下来，体验到潜水的妙处，也理解了潜水爱好者为什么对此痴迷不已。有个潜友，上海姑娘，看有打折机票，上海飞吉隆坡飞斗湖，往返人民币一千五，就来一场说走就走的潜水。

那些小岛，除了潜水度假酒店，倒也没有什么特别的景致。马布岛上住着巴夭族原住民，在潜导带领下，到村子里转了一圈。原住民生活条件相当简陋，甚至可以用原始来形容，一个离地一米多的木板房，就是一个家，往里看看，大人孩子都躺着无所事事，街上也到处是嬉戏的孩子。这些孩子也会划着一截木头刻成的小船，靠近停泊的潜水船，讨些剩饭，或者是用自己抓到的鱼与潜导作交换。当地有规定，除了渔民，其他任何人不能捕鱼，潜导都是当地人。

仙本那码头，是餐饮一条街，除了海鲜还是海鲜。也可以去海鲜市场自己买，让酒店加工，收十元马币加工费。在这里消费，可以用微信支付，店员都能用中文交流。在酒店门口售卖干海参、鲍鱼的本地人，不会讲中文，但比划一阵子也能成交。

从产品属性来讲，潜水无论是归类到旅游产品，还是归类到体育运动产品，潜力都不小。来了不想走，走了还想来，这就是潜水的魅力。

仙本那在马来语中，字面意思是“完美的”。仙本那，当得起这个称号。

8. 说人话

傅园慧奥运会意外走红，成为现象级“表情包”，我认为主要是她说了正常人说的正常话，而没有讲套话。这种正式场合的讲话，一旦用点套话以外的新鲜语句，往往会广受关注，甚至引发“全民造句”的狂欢。

在市场营销活动中，产品制造商与其聘请的专业服务公司，一向将策划出与众不同的产品“卖点”视为重中之重，期望用差异化为利器来打开市场。早在 20 世纪 50 年代初，美国人罗瑟·里夫斯（Rosser Reeves）提出 USP 理论（Unique Selling Proposition），要求向消费者表述一个“独特的销售主张”，就是这个意思。

作为职业策划人，我一直是 USP 理论的拥趸者，并在商业实践中身体力行。但是，不得不承认，在现实的竞争环境中，获取一个 USP 已经变得愈加困难。

为何如此？

一是产品同质化，导致大家在寻找 USP 时，一个意思各种表达，玩起了文字游戏，甚至生造概念，更有甚者去误导或欺骗消费者，走入“为 USP 而 USP”的误区。

二是大量的弱势品牌，因为话语权不够，USP 不为人知，或者是被强势品牌淹没。我曾为一个西装品牌策划了“1+2”服务策略，即一件上衣加两条裤子（本案例曾获得中国广告实战案例奖铜奖），但很快被强势的竞品全面覆盖，导致始作俑者寂寂无闻。

三是在有限的传播资源条件下，试图向消费者说清楚来龙去脉，什么都要说，到头来什么也没有说清楚。

专业人士在倾尽全力去创造USP时，可能忽略了自己的基本职能："翻译"。

产品制造者，他们竭力贩卖自己的原理、技术，这些他们认为是说服消费者的重要理由，一定要给消费者讲清楚。而作为消费者，对于那些技术原理、专业术语既不懂也不感兴趣，他们只需要一个通俗易懂的购买理由。所以，专业策划人士在两者之间，需要担当"翻译"的角色，就是把专业术语"翻译"成消费者可以理解的话语，达成两者之间的沟通与认同。与消费者的沟通，要讲白话，说人话，否则就像在黑暗中抛媚眼。

消费者不是专家。

专业人士常常讲这句话，但做起来往往将这句话抛在脑后。

9. 小败局

遇到过一个创业失败的小伙子小王，在烧完家里给的十几万块钱之后，找了一家公司，安静地上班去了。

这个创业的“小败局”大概这个样子：

小王是90后，“互联网原住民”，在“互联网+”“万众创新、大众创业”的热潮中，热情创业，开发了一个“跑腿”APP，用户需要什么，在APP下单后，他再去商家拿货送货上门。先是做广告推广APP，但收效甚微，没几个用户，没有流量，没几个月就宣告失败了。

在与小王交流的过程中，他把失败的原因归咎为资金不足。我告诉他：主要原因是市场层级错位，你的市场是县城，县城是“大农村市场”，这个层级的消费者主要的休闲方式是购物，你替人家“跑腿”，岂不是剥夺了人家的乐趣？消费者没有需求，失败是必然的了。

在大众创业的时局下，青年创业非但没有“创业有风险，投资需谨慎”的必要提示，反而过度包装出极少数“创业英雄”，吸引不同层级的模仿者，批量制造种种“小败局”。

市场层级具有梯次传导性，要根据这个特点来定位。比如当年的创业明星“青年菜君”，为一线城市白领族解决回家做饭的痛点，网上下单，在地铁口取净菜，回家一炒即得，省事省力省心，因为一线城市上班族在路上的时间太长了，披星戴月回到家哪有心思做饭？此类项目，只有在北、上、广深等一线城市可以存活，放到二、三、四线城市可能性就锐减。像做“跑腿”APP的小王，他的项目在县城层级成功不了，但放到一线城市，则有需求，时间成本太高，所以有同城快递及各种“跑腿”。

我亲眼看到我们小区门口一间门头房的一场场“小败局”。这间门头房曾经是净菜店、快餐店、火锅店、特色餐馆……但无一例外在经营数月后又换了主人与门脸。何也？在这个核心地段，看起来的高档社区内，却是一个层级错位的市场。小区住户主要是城市白领精英，但主要是农村家庭背景，置业后有小孩，父母来看孩子，把买菜、做饭、看孩子全包了，你让他们买净菜？他们会拉着小车直奔批发市场去了。市场层级错位，才是“小败局”的根本所在。

虽然也有几个“大学生创新创业导师”的聘书，但我从不鼓励这类人群创业，格局太小风险太大，结果往往是导致家庭财富的再分配——从家里拿钱或者借钱创业，将家庭财富消耗完毕后，失败的阴影会笼罩年轻人的内心，而其人生不过才刚刚开始。

那些过度包装青年创业英雄的人，不知其可。

10. 脚

那次，在中国台湾桃园机场，一向不好购物的我，被创意产品“中国台湾艺术之美”陈年高粱酒所打动，买了两瓶。还剩下一点台币，觉得还是花掉算了，不值得再去兑换了。于是，在免税店继续转转。

在小小的药店区，看到一款袜子，标明“适合静脉曲张人士”，一看剩下的钱正好买一双，果断出手了。

袜子合不合脚，只有脚知道。

我有下肢静脉曲张的毛病，一天下来，袜子的勒口在脚脖子上勒出深深的一圈，自然很不舒服，一直在买“宽口袜”，但总不能解决勒痕问题。最好的解决办法是不穿袜子，但光着脚不是个事啊。一直很难受，从来没解决。

从桃园机场买回的袜子，压口无痕，完美合脚，终于找到了解放的感觉。当时就感慨，中国是世界上最大的袜子生产国，据说生产了全世界 80% 以上的袜子，而对于静脉曲张患者而言，想穿上合脚的袜子，却遍寻而不得。

烦恼随之而来。

压口无痕袜很快就穿破了，舒服了一阵子，再穿原先的袜子脚丫子就不乐意了。咋办？还是求助万能的互联网吧。终于，通过海外购，买到了中国台湾的无痕袜。当然，价格也不菲，让人肉疼，一双袜子四十大几，但和脚丫子、脚脖子的感受比起来，这点疼算什么？

漂洋过海，就为一双袜子。

11. 种植业的“宋梨”样本

农谚有云：“七月核桃八月梨，九月柿子去赶集。”秋八月，正是梨当令的时节。此时，收到了品牌创始人宋峰逸先生发来的“宋梨”，品评之，果然不同凡响。

我与宋峰逸君是虚拟空间的微信朋友，素未谋面，在微信上互动也不多，此前也没有品尝过他的“宋梨”。但对于宋君与“宋梨”品牌的“网红”事迹，大略知晓。

宋峰逸先生曾就职于世界五百强企业，却毅然辞职回老家兰陵种梨去了，且搞出了大名堂，盖因兰陵人杰地灵，列入圣人榜的荀子曾在此主政多年，开坛讲学，学生中有韩非、搞死韩非的秦相李斯、发明毛笔的蒙恬大将军等战国风云人物。

在目下热烈的新“上山下乡”运动中，有一个特殊的完全不同于资本背景的群体，他们出身于农村，又放弃待遇优渥的城市生活回归农村创业。我接触不少这样进军农业领域的人，皆宣称因“情怀”而入农门，真正有情怀的是“宋梨”们，资本家“一入农门深似海”，他们会走为上计。

国家政策好，社会舆论呼声高，看好“农业”似乎成为共识。事实上，进入这个领域的，各有各的一把辛酸泪，矛盾相当突出。

一是产品属性。我认为，这是“基因”问题。农产品是人类生存的基础，很重要，但在市场层面，在顾客的心智认知层面，具有先天性认知障碍，可以有高附加值的东西面世，但不会成为主流，不走量，高定价高利润可能不足以支撑运营。

二是成本。自然农法种植、有机种植、绿色生态种植等，说起来很丰满，但做起来很骨感。还有一个不能回避的问题，就是劳动力成本。农业可以机械化，但很多环节还不能替代人工，更要命的是，农村劳动力已经严重老龄化，我与农场主交流，此问题很突出，没有农业工人，“空心化”难以破局。

三是周期律。农产品种植上的周期律，什么“蒜你狠”“姜你军”“倒霉蛋”等，你方唱罢我登场。行情不好，都不种了；行情一好，一哄而上。周期律的成因相当复杂，即使是在信息化、大数据时代，破解可能尚需过程。

农业种植，如果沿用传统方式继续下去，即使在土地流转基础上实现了规模化，仍有可能在周期律的泥沼中陷得更深。

“宋梨”提供了一个跳出周期律的样本。

第一，经营主体的年轻化、知识化。知识青年上山下乡投身农业种植，其经营理念、知识结构、营销方式等，将对传统方式进行颠覆。我乐见这种变化，也见证了脱颖而出的农场新锐经营团队的活力与创造力。

第二，品牌为王，个性品牌成为 IP。知名农产品基本上是地域品牌、地理标志，都打“正宗”牌时，顾客变得无所适从。与其在“正宗”混战中枉费力气，不如打造自己的个性品牌。

第三，互联网“原住民”登场了，要用互联网思维卖农产品。年轻一代消费群体，属于互联网“原住民”，要用他们的方式与其进行沟通。“互联网 +”，本质上是构建基于互联网的商业生态系统；“+互联网”，则互联网只是纯粹的工具，这是两者的本质区别。

最近与一个高学历新锐农场经营团队交流，他们的观点一致：我们的水果如果进入流通市场，就彻底失败了。果子挂在树上，不进流通市场，去哪里？

可以研究一下“宋梨”。

12. 一只苹果引发的跨界

2011年，天下闻名的烟台苹果又一次大丰收但遭遇滞销，不但“果贱伤农”，也成为社会各界热议的话题。

一只小小的苹果，也引起了一位企业家的关注与焦虑。这位企业家，就是中国软体家具领军品牌吉斯家具集团的董事长孙杰。

明代以前，烟台苹果叫“奈”，后称为“苹果”，因其肉绵汁少所以又叫“绵苹果”。1871 年，美国牧师倪维思从他的家乡纽约州带着十几种苹果树苗，返回传教地烟台，种在自己的“广兴果园”里。

数年后，倪维思带来的苹果苗结出了个大皮薄、肉脆汁多、酸甜适口的新苹果，迥异于本土“绵苹果”。据记载，20 世纪初，福山县绍瑞口村青年农民唐殿功途经“广兴果园”，见牧师培育的苹果与众不同，偷偷剪下几根枝条嫁接到自己的果树上，三年后嫁接出闻名遐迩的烟台青香蕉苹果。此后至抗战爆发前，成为烟台苹果的一个鼎盛期，通过陆路运往省内各地，通过海上“丝绸之路”南下、北上，并经香港转销东南亚。

孙杰是生于斯、长于斯的烟台人，久负盛名的烟台苹果的滞销，让他陷入了深深思考。农产品滞销，主要症结在于流通、仓储、损耗成本高，一方面“果贱伤农”，另一方面顾客到手花高价。孙杰经过多方调研，认为烟台苹果要想提高附加值，终结“难卖”的局面，只有走深加工的道路，并看好了果醋饮料市场。

吉斯集团做了20多年软体家具，是行业一线品牌。“吉斯要做果醋”的消息，立即引发各界关注甚至质疑，大都倾向于走专业化之路，专业做软体家具的看法。

为了大地的丰收，为了果农的微笑，实业报效父老乡亲的创业情怀激荡在孙杰心间。孙杰认为，企业发展战略，既有专业化模式，也有多元化模式，并无优劣之分，是由当时企业所处于的阶段与环境造就的。多年来，中国企业要选择“专业化路线”的论调占上风，面对各界的不解与观望，孙杰经过思考，用“第三种模式”做出了回答。

孙杰的“第三种模式”，即同心多元模式。“健康产业兴，吉斯中国梦”，吉斯的品牌基因就是“健康”，理念是追求“健康吉祥每一天”，吉斯围绕“健康”这一核心布局多元产业，就是有别于专业化模式、多元化模式的“第三种模式”——同心多元化。

果醋饮料上马，产品投放市场，受到消费者的热捧。“吉斯果园”醋饮采取独特的“二次发酵”工艺，与市场上的配制勾兑型醋饮实现区隔，在口感、营养、健康等方面做到了品质升级。金色罐装“吉斯果园”，被消费者昵称为“小金罐”，打开“小金罐”，就是“为健康加上小金罐”。此后，以烟台苹果为原料，公司又研发了苹果白酒、苹果白兰地、苹果汽酒等创新型系列产品。实业报效父老乡亲的创业初衷得以实现，可谓不忘初心、方得始终，“第三种模式”得到了市场的验证。

洞察市场是企业家的特质，创新是企业家精神的核心。2017年6月，位于青岛崂山脚下的青岛吉斯波尔精酿啤酒有限公司建成投产，成为精酿啤酒行业的“大事件”。须知，当大多数精酿啤酒还处于酒吧、啤酒屋自酿状态时，当仅有极少数精酿啤酒品牌通过OEM“曲线上市”时，投资数千万元的青岛吉斯波尔就是行业的“黑马”。

进军精酿啤酒是孙杰同心多元化“第三种模式”的又一实践。这一投资，再次为企业家的市场洞察力和创新力做了生动的注解：精酿啤酒在整个啤酒市场份额不足1%，在中国的发展期不过5年左右，消费升级的需求势不可挡……吉斯波尔产品供不应求，形成一股“精酿啤酒热潮”。虽然“精酿啤酒”还是新生事物，但超赞的饮用体验和性价比，被消费者称之为“国民精酿”，精酿啤酒市场“国民精酿冲击波”袭来。

2017年10月，吉斯波尔精酿啤酒二期在吉斯工业园开工，建成投产后，青岛、烟台、济南、北京等生产线将形成年产4万吨精酿啤酒的产能，在行业内名列前茅，成为“专业精酿的领跑者”。

情怀有多大，舞台就有多大。

13. 软姜来了

姜和堂

现在注册商标真的很难，绞尽脑汁，在上百个方案里，“姜和堂”拿到了TM，一年多后拿到了注册商标。

姜：专注于姜制品，为顾客提供优质姜产品。

和：蜜与姜甘辣相和，蜜姜与人温润相和，和谐相生。

堂：非物质文化遗产，百年传承。

软姜

姜软，指软糯即化不干硬。本品通过特殊蜜制工艺，产品入口软糯即化，无粗纤维，完全区别于传统糖姜“硬嚼”不易下咽。

味软，指甘辣适口不辛辣、不刺激，完全区别于传统糖姜强烈辛辣刺激带来的不适感。

蜜制软姜，口感革命。姜软，软糯即化告别“硬嚼”；味软，甘辣适口不“辣嘴”。

两吃

干吃嚼一嚼：感受软糯，回味甘辣。

热水泡一泡：喝姜茶，吃暖姜。

两吃软姜，干吃嚼一嚼感受软糯可口，热水泡一泡喝汤吃姜，随心选择，暖胃走心。

一块软姜的历程

采姜：嫩姜采收一年一季，一季仅十天

山东半岛，中国优质生姜的生产区。

每年 9 月初，是嫩姜采收的最佳时机。一年一季，一季仅仅十天采收期，过期不候。过了这十天，生姜开始生成粗纤维，不能制作软姜了。姜农必须在这十天里加速采收，送到姜和堂进行保鲜，这样制作出的软姜才可软糯可口。

无嫩姜，不软姜。十天，采收不到足够的嫩姜，就只有等待一年以后，下一个采收季了。

时令，是大自然的运行规则，感谢它留给我们十天时间，让我们能享受到软姜这种食物的美妙。

塑形：手作，无可替代

中国的很多美食，即使是在超级现代化的今天，在有些环节还需要手工完成。制作软姜的姜块，就是要靠刀功。嫩姜因为形状各异、大小不一，有的适宜切成姜块，有的则适宜切成姜片，这个过程没有机器设备能够完成，全凭切工师傅们的手上功夫。

匠心，是始终如一的坚持。一块块，一片片，就在师傅们精湛而苛求的刀工中完成。

为嫩姜塑形，或切块，或切片，运刀如飞见真功。因为手切，导致产能较小，每一块软姜，越显珍贵。

炮制：九浸九煮，百日方成

经刀功塑形后的嫩姜块或嫩姜片，将迎来漫长的蜜炼时光。

“中药炮制”的传统方法，讲究“九蒸九晒”。蜜制软姜，将嫩姜辅以红糖、白糖或蜂蜜，浸泡、蒸煮，入其味，去其辛，增其效。如此反复计九次，历时百日方成，此为“九浸九煮”法。工艺虽繁，姜和堂软姜，必不敢省物力，必不敢省人工，以敬畏之心制作“蜜制软姜”。

每一块嫩姜，从采收到成品，都要走过一百多天的历程。

这是中国传统的法则，这是姜和堂的法则。

配比：“黄金比例”甜辣度

生姜，健脾温胃；红糖，补血暖胃；白糖，生津止燥；蜂蜜，补虚润肺。遵循中医“药食同源”原则，依据人体所需，取其一与嫩姜黄金配伍。各种口味，道同，味不同。

姜味辛辣，为很多人所不喜。姜和堂“蜜制软姜”，在糖、姜配伍的基础上，应用检测仪器，科学检测含糖量、pH 酸碱度，测定“黄金甜辣度”，达到甜辣适口的“黄金比例”。

口感软，口味软，好吃才是硬道理。

功能：软姜分“男女”

孔子不但是“圣人”，还是了不起的养生美食家，对食姜特别重视，在《论语》中有“不撤姜食”的语录。

自古以来，“红糖+姜”是女性尤其是“那几天”的亲密伴侣；而医家又叮嘱，“男人不可一日无姜”。现代科学证实，姜作为最古老的药食同源作物，无论男女，各有其功用。

姜和堂“蜜制软姜”，根据女性与男性生理机制的不同，专研适合男性与女性的配伍组合，使之更加合理。

软姜分“男女”，姜和堂首创。

吃法：干吃，泡饮，两吃软姜

姜和堂软姜，有两种吃法。

干吃嚼一嚼，感受软糯，感受甘辣“黄金比例”的协调。

热水泡一泡，就是一杯糖姜水，喝糖姜水温润，吃姜则水嫩。

两吃软姜，干吃嚼一嚼，热水泡一泡，随心选择，暖胃走心。

品质：英国工艺，欧盟标准

因为原料采收周期短、手工切块、制作周期长达百余天、产量有限等原因，软姜一直是外贸出口，优先供应欧盟市场，在国内还比较少见。

英国是最早进口软姜的欧盟国家，受到消费者欢迎。进口商组织英国专家，对软姜工艺进行了改进，使之更加科学合理。英国的技术、工艺提升了中国软姜的标准，也更符合欧洲消费者的需求。可以说，今天我们软姜的工艺，执行的是英国标准。

欧盟是全球对食品检验要求苛刻的地区，软姜以卓越品质获得了欧盟的“通行证”。

14. 异物入酒能否成为“大杀器”

这里所谓的“异物”，主要有：绿豆；大枣；菱角；莲子；苦荞；荷叶；牡丹；毫菊……名单很长很长，就不一一列举了。中国酒有浸泡药材的传统，如人参、灵芝、鹿茸、枸杞之类，传统之外，近来“异物”入酒，则是一波风潮，小酒厂在做，大酒厂也在做。

产品战略是企业最大的战略，产品创新能力是企业的核心竞争力。“异物”入酒，是酒企基于本地特色物产的一种产品创新。产品创新，一种是引领式的，通常是大公司的手笔；另一种则是差异化的，通常是小公司求生存的一种策略。“异物”入酒的产品创新，还有一个大的背景，就是“健康白酒”的行业诉求。

“异物”入酒能否成为“大杀器”？

先来看看“健康白酒”。我认为，“健康白酒”是个伪概念，本质上是迎合营销的一种提法。白酒的产品属性是食品，既然是食品，当然是健康的，这个无需去辩证。健康不健康，其实在于饮用方式，喝酒喝多了，能置人于死地，但不能说酒是杀人凶器。“××酒虽好，可不要贪杯哟”“小杯喝，讲究”，此类诉求，倡导健康的饮用方式，传递的是真正的健康文化。

传统的“健康白酒”，在消费者的认知里，归类于“保健酒”，属于“功能性食品”。消费者能够认可其保健功能，但基本上将保健酒划给中老年群体专属，有强烈的心理暗示作用，年轻人饮用，可能会有“某项功能不行了”的隐喻。这种不可言说的心理暗示，导致了保健酒的小众化。一方面是切实的健康需求，另一方面是隐形的心理障碍，导致了保健酒市场的不温不火。所以，“异物”入酒，也可能面临消费者对传统保健酒的成见。好在是这些入酒的“异物”，是某地特产，当地消费者对其认知度很高，有约定俗成的功能认知，如绿豆去火、莲子清心、大枣补气补血等，有总比没有强，在一定程度上会引导消费者的购买选择。

中国市场从来不缺乏营销概念，如何让消费者相信“异物”入酒是产品创新而不是厂家在玩新概念？建立产品的追溯体系是一个大课题，除了让消费者眼见为实的体验式营销，更重要的是建立标准，用数据说话。“异物”入酒，在功能上有哪些变化与提高，如何证实，如何追溯，将是产品创新与玩营销概念的分野。在“信任缺失”的今天，有些企业没有在追溯体系建设上下功夫，有些则惧怕搞追溯。从技术层面来看，建立追溯体系并不难，关键是企业想不想去搞。

“异物”入酒，无疑是一种积极的创新与探索，但能否成为市场突围的“大杀器”，姑且观之。

15. 创意农场的“艾维范式”

艾维农园的大门，尚不及农家小院的大门那么大，一个小小的拱形门圈，矮小得不像门的门，估计也就给猫啊狗啊设一点微不足道的屏障。

安静的农园。

我坐在农园大门里的木凳上，欣赏眼前的一切，清风徐徐，刮过来周边田野里的屡屡粪香，这味道，久违了！只有在田野里，才嗅到粪是香的。

农场主在大棚里，隐隐能闻其声。过了一会儿，果然是带着客人出来，是地方首长。

送走首长，今天是农园不开放日，剩下的时间，就是我与庄主的“小窗时间”。

庄主徐箴言先生，世人惊诧于其跨界，在我看来，却是平常不过，他就是一个创意人，从其他行业里创意到农业里面来，没什么可奇怪的，因为都是在做创意。从电视台连续多年的追踪报道，到知名报纸的重点关注，“艾维模式”宣称养鱼不换水、种菜不施肥，艾维农园做到了。

艾维模式，始于美国，根植于艾维。

生态。这是一个现代词。中国古人的智慧，叫天人合一，现在叫生态和谐啥的。什么牛哄哄的“自然农法”，就是一个生态系统，回到原始社会。艾维不是原始社会，他回归了一种生态系统，应用现代技术和材料，回归到应有的状态。原始社会你回不去。

小众。艾维农园定位为小众农场，追求“小而美、小而专”，为少数消费群体提供服务。整个农场占地不过 20 亩，800 平方米左右大棚有三个，新建第四个大棚不过 1700 平方米。现在有良好的经营效益，对于农场经营者有借鉴意义。外来的农场经营者，往往惊艳于当地的农场案例，其实是定位的小众化。艾维农园的香草卖的话不过十几块钱，但深加工后就身价倍增，关键是不对外销售，就那些“粉丝”购买。

创意。这才是农园经营的根本。艾维在美式鱼菜共生的启发下创意而生的，藉由“鱼菜共生”，研发“气雾栽培”，结合“自然农法”，研修“朴门永续设计”，构建艾维农园升级版的 200 亩“艾维—桃林河谷”，用心才有创意。

在艾维的鱼菜共生园，我享受了“米其林三星”标准的午餐：农园蔬菜沙拉、烤土豆、烤面包、南瓜羹、香草面条。农场的义工，做了这些美食，从资深吃货角度，这些美食简直逆天了。这是农场经营的另一大奥秘：义工。农场的服务人员均为义工，以“劳动换食宿”。这个太有意思了，要知道，目前农场成本的 70% 是人工。不能解决 70% 成本的农场，都是悲催的农场，不管你如何牛。

16. 白酒消费需要侍酒师

葡萄酒消费逐年上升，尤其是初步兴起阶段，国人饮用葡萄酒的“豪放”，一度让懂葡萄酒者大跌眼镜，痛感“文化荡然无存”。而很多消费者，也将葡萄酒文化讥讽为“脱了裤子放屁——多此一举”，互相不对付。

中国白酒，文化自是源远流长。当今中国白酒行业，名酒璀璨，大师辈出，“中国白酒酿酒工艺大师”“品酒大师”等为数众多，每个品牌也特别强调自身的文化渊源，从这个层面上来看，白酒文化之丰富无可比拟。但是，如果放到消费层面上看，白酒的“消费文化”还处于粗放阶段。

对标葡萄酒，中国白酒“消费文化”层面，少了一个“文化载体”：侍酒师。

侍酒师（Sommelier），指在餐厅里负责酒水饮料的侍者，有专业酒水知识和技能，为客人提供酒类品鉴、配餐设计的专业人士。侍酒师要有美学修养、高品位的鉴赏能力。在欧美，培养一个合格伺酒师，至少要四五年，达到硕士级还要四五年。

ISG，即国际侍酒师协会，是全球最顶尖、最权威的侍酒师课程及认证，全世界唯一获得BOE(Board of Education)美国各州教育部认可和批准侍酒师课程。ISG至今已有27年的历史，是美国和加拿大50多所著名公立或私立大学的必修课。在全球60多个城市有分校，是国际公认的侍酒师培训摇篮。ISG侍酒师大师认证，需要7年时间完成学习，经严苛考试合格，方能获得学位。

大师级侍酒师一般不直接接触客人，而是负责宴会的策划统筹工作，是酒店的“酒水总监”。

侍酒师的职责是让顾客感受葡萄酒文化，从侍酒温度到菜肴搭配，再到醒酒表演，甚至要“看人下菜碟”为顾客推荐不同的品种。至于解答顾客问题，品评鉴赏每一款酒的葡萄品种、年份、口感、产区风土人情、当年气候影响等更不在话下。在侍酒师的“葡萄酒文化”感染下，顾客获得精神与感官的整体美好体验，尽显优雅。因此，欧美高档餐厅里，侍酒师是一个高薪职业，高级侍酒师更是稀缺的高端人才。

我们不难发现，葡萄酒从“酿造文化”到“消费文化”的文化体系的形成，“侍酒师”是重要的互联者。而其实质，则是从职业教育到高等教育的教育体制，初、中级侍酒师通过职业教育培养，高级侍酒师则是纯正的精英教育。

中国白酒“消费文化层面”，缺乏这样一个群体的引导，因此大致还在讲座次、讲尊卑、讲酒量的层面上，博大精深的白酒文化在这里变得粗粝起来。中国白酒历来讲“侍酒”文化，比如齐桓公的御厨易牙，大概可以说是最早的“侍酒大师”，兼任“中央接待办主任”，负责外宾、重大国事活动的宴会座次、流程、侍酒等，深得齐桓公赏识。古代文人雅士雅集酬酢，由艺伎侍酒，也有诸多千古佳话。但不知何故，居然跌落尘埃，沦为“三陪、斗酒、观人”文化，唏嘘矣。

当下，“场景革命”成为白酒消费文化升级的热词，消费文化升级、消费文明进步需要从白酒消费的场所开始，从培养“侍酒师”开始。

17. 小小一杯，与大师对饮

我这个人，有个习惯，不管去何地公干或旅行，几乎不买特产或纪念品，轻来轻去。但有一次不淡定了，买了两瓶酒回来。

那是中国台湾之旅。

在中国台湾的桃园机场，候机返家。时间尚早，在机场免税店溜达溜达，打发时间。免税店，无非那几样：烟、酒、化妆品、巧克力啥的。中国台湾的高粱酒，名气很大。“金门高粱，香飘两岸”，据说，这个酒起源于当时守军驻扎金门岛，业余种高粱酿酒聊以解忧——无考。又据说，这个酒厂很场面，每年公司都从盈利里面拿出一部分，给金门岛上的居民派红包。按说，这样的酒厂要支持，不买两瓶都不好意思。但碰上不好买东西的人，也没脾气。

突然，眼前一亮！心动了。

这套酒叫：“台湾陈年高粱酒——台湾艺术之美。”

这套酒，有六款在陈列。包装形式，设计为书型，适合放置在书架上。外包装，正面是六幅画，文案是：“台湾艺术之美；小小一杯，与大师对饮；台湾陈年高粱酒；1953。”酒瓶上，正面是一幅画，背面是画作者的头像及其简介。原来，这套酒，选择了中国台湾近代史上六位艺术大师的代表作，作为包装图案。

太棒了，必须要打破惯例，买。鉴于一贯遵章守纪，按照海关的要求，只买两瓶。有必要介绍一下瓶身上的画作。

一幅是杨三郎作品《思慕》。这个三郎，甚是了得，1923 年赴日本留学，1927 年回来，1929 年与倪蒋怀、廖继春等人共组“赤岛社”。1929 年荣获“台湾”美术展览会特选第一名。1931 赴法留学，潜心研究欧洲诸大博物馆所藏名画，次年作品入选法国秋季沙龙。1934 年返回，并在教育会馆举行个展，同年秋季与陈澄波、廖继春等人组成“台阳美术协会”。他曾举行过多次个展，并在中国台湾美术展上获奖，在中国台湾画坛上具卓越成就，1986 年荣获中国台湾文艺特别贡献奖。

一幅是陈澄波作品《嘉义街外》，此人与杨三郎搞过社团组织。1926 年以《嘉义街外》入选第七届日本“帝国美术展览会”，这是中国台湾人民首次以西画跨进日本官展的门槛；其后又数度入选“帝展”和其他各项展览。1947 年“二二八事件”爆发后，因代表“二二八事件处理委员会”前往水上机场协商，于 3 月 25 日上午被国民党军队枪毙示众，享年 52 岁。

为什么买这两瓶酒？一是包装形式，二是画作，三是人物故事。实际上，这套酒改变了其产品属性，是文创产品，酒倒在其次了。

这两款酒，一直陈列在我的书架上。每每看到，就回忆起美好的中国台湾之旅，就萌生再去中国台湾的想法。去观光旅游吗？居然是想再把那余下的四款酒带回来，这套酒才齐活了。

18. 一片树叶的故事

茶叶，中国市场上修炼得最有文化的一种树叶子。

茶叶市场，也是中国炒作最厉害的市场之一，青、红、绿、黄、黑、白六大茶系次第粉墨登场，茶的属性已嬗变为保健品、收藏品、金融产品。最近，茶市上“古树茶”又大行其道。不过，很快又被“起底”，“古树茶”是新晋的营销概念。

茶，自古以来就是传统文化的符号之一，“琴、棋、书、画、诗、酒、茶”七大雅事煌煌在册。而近年来的茶叶市场，更是将茶文化做到了极致，单说茶具的创意创新，常常令人感叹不已，凝聚了多少聪明才智啊。

茶叶消费市场基础实在好，寻常百姓家待客要先敬茶，单位公干要先敬茶，茶舍里讲究茶道的学问可就大了去了。讲个真事——某老板，好茶道，外出，自带水、电磁烧水壶、茶叶、茶具等一应物件，到了地方，摆开道场，只接人家的电源用来煮水。再讲个真事，某老板，爱上某黑茶后，只饮此茶，每每在应酬场合，传播品饮体验，与他人分享，成为“圈层营销”中的意见领袖。

中国人爱茶，爱得那么深沉。但是，问题来了，为什么中国七万多家本土茶叶企业干不过一个立顿？

有一次，聊起茶叶的话题，一“斜杠青年”谈了半天茶文化，当我向他提出“立顿之问”，该“斜杠青年”居然反问：立顿是干什么的？由此可见，立顿在中国市场仍有巨大的增长空间。

立顿是全球茶叶第一品牌。1890年，苏格兰贫民子弟汤姆斯·立顿创立了这一品牌，做出“从茶园直接进入茶壶的好茶”的品牌承诺，成为时尚、国际化的生活元素。

我非“茶叶圈”人士，自然不敢妄议短长。但作为老茶客，从消费者角度，还是要说说个人的观感。

先说茶叶的产品属性。茶叶，属于农产品。这一属性，使得期望高利润的商业人士会有失望。这种农产品，既具有很强的可替代性，又不具备稀缺性，高附加值的基础薄弱。曾有一个品牌，其广告语出惊人：“你连中国的红茶都喝不起，还算什么贵族！”宣称要做中国最贵的红茶。后来呢，后来就不得而知了。中国市场上，农产品的命运，甚是不济。

再说茶叶的实用功能，就是在解渴的同时让水的口感更好些。至于消食、解腻、提神之类，也是介乎“正反之间”的功能，可忽略。所以，把茶叶炒作为“保健品”，甚至是“药品”，就有些吹嘘过火了。当然，还是有一小部分人需要，酒肉穿肠过之后，期望借一杯“神茶”来解决问题，甚至治“三高”。

再看“茶文化”，当真是有文化，且博大精深。但还是回到前面的问题：这么有文化为何不敌立顿？这需要来反思中国茶的“文化观”了。现在的消费者，需要一杯“放心茶”，一杯“好喝的茶”，一杯“简约的茶”，这个没解决，一味讲茶器的创新、泡茶的繁文缛节、茶室的精致装修，岂非本末倒置？立顿的消费者，大约没几个穿“茶道服”喝茶的。

“俗人不识茶，树叶有文化”。打住，且吃茶去。

19. 白酒美学重构消费场景

陶渊明这个人，因为“归隐”而名气很大，超级喜欢喝酒，逢酒必醉。古代文人雅士，“琴棋书画诗酒茶”，这“七件套”是标配，《晋书》、《宋书》、《南史》、昭明太子萧统《陶渊明传》都说，陶渊明“性不解音”，也就是不通音律的意思，但他却有一大嗜好——弹琴。陶渊明的琴很特别，无弦无徽，就是一块木头。喝酒喝嗨了，五柳先生就弹木头，然后就抱着木头酣然入睡，把一起喝酒的朋友晾在一边不管了。

陶渊明弹木头，是“行为艺术”还是故作高深？这个大概永远是一个迷局了。但是，作为“隐逸诗人之宗”，弹木头不管是为什么，都是一桩有趣的事情，是雅事，为人所津津乐道。“曲水流觞”的兰亭集会，就是第一等雅事，《兰亭集序》将一个三月三的民俗活动定格为千古第一雅集。

美酒众多，发现不一样的美。我们认为，白酒应该回归到美的属性。

做好酒，做健康的酒，是“美酒”的产品属性；美的饮酒仪式，美的饮酒环境，是“美酒”的精神属性。“怡性情，助雅兴，洽情感”，是“白酒美学”的核心。

我们提出“重构中国白酒产业美学”，是一个系统，既要有“美的酒”，又要有“美的饮酒方式”，美的消费体验，美的文化体验。

“昔者，帝女令仪狄作酒而美，进之禹，禹饮而甘之，遂疏仪狄，绝旨酒，曰：‘后世必有以酒亡其国者。’”（《战国策》）大禹是明君，因而会有这等见识。酒本身就是一种食品，它承载的美与恶，本质上是人性的折射。《世说新语》中的一个故事，对此有很好的诠释：“钟毓兄弟小时，值父昼寝，因共偷服药酒。其父时觉，且托寐以观之。毓拜而后饮，会饮而不拜。既而问毓何以拜，毓曰：‘酒以成礼，不敢不拜。’又问会何以不拜，会曰：‘偷本非礼，所以不拜。’”故事大意是：钟毓兄弟小时候，正赶上父亲午睡时，趁机一起偷喝药酒。他们的父亲当时察觉了，姑且装睡看看他们要干什么。钟毓行礼后喝酒，钟会喝酒不行礼。随后父亲问钟毓为什么要行礼，钟毓说：“酒是完成礼仪的，不敢不行礼。”又问钟会为什么不行礼，钟会说：“偷本来就不是礼仪，所以不行礼。”

理性不理性，在饮者，不在酒；成礼不成礼，在饮者，不在酒。

2016年10月，由中国酒业协会“酒与社会责任促进联盟”发起的“全国理性饮酒宣传周”大型公益活动正式启动，在400多个城市同步推出，倡导“适量健康饮酒、预防未成年人饮酒和拒绝酒驾”。此后，每年10月的第三个周五举办该活动，旨在打造成一个有影响力的公益品牌。

我认为，健康才是真正的美。健康饮酒是在倡导美的酒文化。

这是一场关于白酒美学的“消费场景变革”，以咏“上马立功，下马立言”之志，以颂“曲水流觞”之雅，以传“诗酒文化”之魂。

电影《百鸟朝凤》故事平平，但有一个情节却令人记忆深刻：师傅与徒弟喝酒，喝高兴了，吹起了唢呐，酒劲上来，倒在地上美美地睡着了——人生之乐，不过如此。

陶渊明弹木头是极端个例，但美的体验，人人皆可得之。

20. 项目与投资的“三岔口”

项目持有人到处去找投资，忙着递商业计划书，忙着路演讲故事，忙着联络各路投资人大仙，但广种薄收，颗粒无收更是常态；而投资人呢，也忙着看项目，甚至一天就要看多个，飞来飞去，但找不到养眼的项目。这两者，像极了京剧《三岔口》的经典片段：刘利华与任堂惠半夜在黑暗中打斗，但你打不着我，我打不着你。

与投资圈人士交流，有一个普遍看法：市场上不缺投资，而是大把的资金找不到可投的项目。为什么出现这种“三岔口现象”？我认为，是项目持有人的问题，在找钱的过程中，把故事讲成了事故。

我认为，创业界有很多泡沫，如行业泡沫、项目泡沫、创业英雄泡沫等。于是，一些人被泡沫激发、励志，喝着心灵鸡汤，扛着“双创”的大旗，肩负着实现中华民族伟大复兴中国梦的责任，去创新商业模式，去包装项目，去讲故事。

资本方为何苦于找不到可心的项目呢？我认为，很多商业模式的构建，从根上就走入了“创新的陷阱”。

其一，“烧钱式”创新。编故事与讲故事，目的是找钱，然后烧也是烧资本的钱。项目做成了，更加成功；项目做不起来，早已成功。但是，资本的属性是逐利，且有其尽调与风控体系，不会轻易被打动或上钩。当然，道德风险是不可控的终极风险，也不能一概而论。

其二，“实用新型式”创新。看起来有很多新意，蕴含着经济、社会、文化等方面的重大意义，能往里装的都装进去，但本质上是“新瓶装老酒”，就像专利中的“实用新型”专利，不说了。

其三，“自说自话式”创新。项目持有人是项目的创造者，基于其热爱和付出，对此具有相当的自信，并会有自圆其说的理论应对外界的质疑。我们必须要向一些项目持有人致以敬意，尽管只有他对自己的项目深信不疑，起码他们对自己的项目有诚意，并做出了巨大的付出。

其四，“痛点式”创新。从“卖点”观到“痛点”观，其实是从“消费者注意”到“注意消费者”的一个口号到行动的转变，也可以看作“供给侧”的一个大众化视角。很多商业模式中，关于“痛点”的创新，理论上可行，比如细分功能，很好啊，但是细分多了，等于没细分，怎么能做起来呢？创新的“痛点”，看起来在，做起来不一定在了，不知道跑哪里去了，就像那句名言：我知道自己的广告费浪费了一半，却不知道是哪一半。无论是项目方还是资本方，在这方面的判断上，最具有不确定性。

好了，还是举个“栗子”吧。

我曾看过一个项目，是某行业的替代品，能将产品成本降低一半以上，操作更加方便。项目持有人作为技术兼公司创始人，信心爆棚。我当时提了两个问题：一是行业趋势，那个行业处于下行期，不用专家解释，平凡如我者都能看出来；二是时间点，作为行业的新进入者与替代者，虽然能降低成本，但现在他们正在使用的产品如何处理，即“去库存”之后才有可能选择这个新的替代者，偏偏这又是一个循环利用周期比较长的产品，“痛点”是慢性的、隐形的，还不到痛的时候。

道理很简单不用多说了，且看下面几个人的记录：

达·芬奇：人类大脑通过眼睛、耳朵和其他感官收集资讯，并交由常识来集中处理。换句话说，常识是一种驾驭其他感知的超感知。但商业人士却不相信这种超感知的存在。

亨利·明茨伯格：管理界有一种令人费解的现象，管理人员薪水越高，影响力巨大，但明显缺乏常识。

李方毅：常识即普遍性规律，违背常识即违背规律。重知识而忽略常识，步入“创新的陷阱”，造成了当下社会与个体普遍的焦虑感。

21. 文化产业中的美学问题

文化产业邂逅美学

先说说我的美学观。

其一，人人都是“美学家”。美学并非书斋学问，在我看来，美学与人类及其社会发展如影随形，从未割裂，一直存在于人的生活们每一个角落，美学是大众的、世俗的，每个人或者群体都有着不同的审美观，既具有人类的共同性，也有人体的差异性。世俗大众，人人都是美学家，如电影《白毛女》中，杨白劳过年给闺女扯上二尺红头绳就是他心目中的美。

其二，美学即“人学”。美学是人的价值观、人生观的组成部分，一个人的审美观的形成，就是人性塑造和心灵塑造的过程，即以什么样的价值观、人生观去“塑造人”，属于意识形态的范畴，这也是进行美学研究和进行美学教育的社会意义所在。

其三，美学的使命是让人们去获得精神愉悦感。美好的事物是具体的现实存在，美感是带给人精神的愉悦，满足人的精神感受。因此，美学的使命是通过文化产品或者载体去求真、求善、求美，这是超越意识形态的人类的共性追求。

再说说文化产业。

其一，文化产业将进入最好的发展时期。改革开放四十年了，我国经济发展取得举世瞩目的成就，物质文明的发达带来的是对精神文明的迫切需求。以近年来的文化体制改革和文化单位改制为标志，我国文化产业将进入大发展、大繁荣的时期。

其二，文化产业尚处于发展的初级阶段，尚待市场培育。产业的形成，一定是建立在市场基础之上，由市场这只“看不见的手”去自行调节。时下的文化产业，逐步摆脱体制的束缚，同时也失去了对体制的依赖，由于品牌和市场营销意识不强、手段单一匮乏，尚处于“准文化产业”时期，有待以市场规律的手段去提升。

文化市场的巨大需求将带动产业化的发展，产业化过程尚处于探索阶段，此时提出“文化产业中的美学问题”，具有技术操作层面的实际意义。以下就文化产业中的美学定位、美学创造、美学营销等方面，进行方向性探讨。

文化产业中的美学定位方向

中央电视台的《春节联欢晚会》，号称“中国人的文化年夜饭”，但“骂春晚”也成为一大景观。若对“骂春晚”现象进行剖析，在于一种产品与受众之间的“错位”。春晚这一文化产品的受众定位，是数量众多的普通大众，大众化是其基本特征，要求符合大众的审美观。而“骂春晚”的受众，则是具有话语权的精英阶层，春晚根本不是办给他们看的，所以是骂错了对象。

营销学上有一个基本的概念：每一款产品都不可能满足所有消费者的要求；每一家公司或其产品只有以市场上的部分特定顾客为其服务对象。这就是定位理论的基本依据，定位实质是“定消费者”。在文化产业里，定位涉及受众、产品、企业三个层面。

文化产品的受众定位和产品定位，是一个问题的两个方面，不可分割。文化产品是以影视、音像、书籍、动漫、演出、广告等具体形态呈现，在构思阶段，就应该对受众进行定位：我们沟通的对象是谁？他们的生活形态是什么？他们的审美标准是什么？什么样的产品内容和形式能够满足他们对美的感知？然后去设计产品，以他们能理解、接受的形式、内容、语言进行沟通，从而使他们获得精神上的愉悦感。文化产品的定位，简言之，就是确立“对谁说、说什么、怎么说”的一个思考过程，这个过程的原点，就是受众的审美观。只有“以人为本”，才能创造出让目标受众产生精神愉悦感的文化产品。

文化企业的定位也是一个关乎发展的核心问题。从国内外文化产业的发展路径来看，文化企业的定位有几种方向可供参考：一是同心多元的企业定位，即围绕核心产品进行衍生品经营；二是专业化定位，做精、做专、做深，同样能够诞生行业的“隐形冠军”；三是做资源型文化企业，依托某种既有的特定的资源进行文化产品的开发与推广。

文化产业中的美学创造方向

北京印象创新艺术发展有限公司的《印象》系列，极具创意地将演出与旅游嫁接在一起，以《印象·刘三姐》为例，2010 年观众大约 140 万人，最低票价 168 元，最高 688 元，按均价 300 元计，《印象刘三姐》在 2010 年一年的毛收入即达 4 亿元以上。《印象》系列在全国已经成功开发出新的产品，创意出了新的商业模式。

《印象》系列仅仅是文化产业中的一个缩影，这一产业的核心竞争力是新的美学创造，所以近年来对该产业多称之为“文化创意产业”。从文化产业出发，我认为其美学创造方向或者说标准有三：创意之美、创艺之美、创益之美。

创意之美，是指文化产品的内容美。文化产品，内容为王，内容的创意决定了受众买不买帐。电影市场的繁荣，使得大制作影片年年创新高，尽管投资巨大、阵容豪华、后期制作技术先进，但“烂片”还是层出不穷，就是因为故事的平庸、创意的匮乏，显然是本末倒置了。

创艺之美，是指文化产品的形式美。文艺形式多种多样，可以彼此借鉴与融合，从而诞生新的商业模式和艺术形式。比如《印象》系列，把演出和旅游景点嫁接到一起，让原生态的表演代替专业演员的表演，达到了令观众出乎意料的美的震撼和感受。再比如，济南市杂技团创作演出的大型京剧意象杂技剧《齐风鲁韵·粉墨》，将国粹京剧与杂技相结合，尽显国粹的时尚之美、艺术之美，成为济南市一个独具特色的文化品牌和旅游娱乐项目，在全国产生了重大影响。

创益之美，是指文化产品能够创造良好的经济效益和社会效益，助力建设社会和谐之美。文化产品是商品，要实现从商品到货币的“惊险一跳”，创造经济效益就是它的天职。与此同时，还要树立正确的美学价值主张，承担创造社会效益之职责。当今社会具有更大的包容性，审美观亦分众化、碎片化，美的创造出现了异化，甚至以“审丑”为美、以各种“炒作”吸引眼球的不良社会风气。

文化产品需要品牌营销

文化产品是美的载体，文化企业是满足现代人日益增长的精神文明需求的创意供应商。要实现产业化，必须补上市场营销、品牌传播这一课。

建设和传播文化产业品牌，是一项系统工程，需要导入市场营销的理念和方法，要建立文化产业品牌的整合传播系统。

品牌传播的第一阶段是建立品牌的知名度，通常应用电视广告、事件营销传播等手段，迅速提升文化产业品牌的知名度。第二阶段是建立品牌的认知度，知名度是让人“知其然”，认知度是让人“知其所以然”，通常应用平面广告、直效营销、公关活动、新闻与事件营销等传播工具。第三阶段是建立品牌的美誉度，基于良好的公众形象和口碑传播，令受众产生好感与赞誉，产生巨大的口碑效应，通常会采取公关活动、赞助、新闻与事件营销等手段。在文化产业品牌的建设与管理过程中，应用整合营销传播（IMC）系统，以目标受众为核心重组资源和行为，综合协调地使用各种形式的传播方式，以统一的目标和统一的传播形象，传递一致的品牌信息，实现与目标受众的双向沟通，迅速树立文化产品品牌在目标受众心目中的地位，建立品牌与目标受众长期密切的关系，更有效地达到传播和文化产品营销的目的。

22. 鲁酒的文化特质

有关各省人标榜自己厉害的一个段子，大意是，各省人标榜完毕，最后山东人说：其实山东人也没什么，就会制定规则。所以，孟子说“孔子作《春秋》，乱臣贼子惧”，这就是制定规则。晚清名士辜鸿铭以英文写作《中国人的精神》，说中国人“过着孩子般的生活——一种心灵的生活”，维持中国社会的是“儒教”这个规则体系，儒教就是社会规则。

到过山东的外省人，无不对山东的“酒文化”印象深刻：安排座次，主客有序，席位固定，故入座时大家都要为坐哪个位置而谦让一番；敬酒仪式、流程缜密，主副陪、三四陪领酒毕，方进入敬酒阶段，最后主宾致答谢词，则宴会结束；敬酒词寓意美好，必令客人无推辞之理由，一饮而尽方不负主人之美意。山东人饮酒，礼尚往来，数量对等，但还有“端酒”的敬仪，敬酒者不喝，仅被敬者喝，以表达敬酒者的“大敬意”。在山东省内，这套“酒桌基本法”大体通用。

鲁酒在中国白酒业执“低度浓香”牛耳，做到“低而不淡”，为业界所公认。鲁酒在20世纪90年代勇夺中央电视台“标王”，可谓激昂壮阔，举国关注。秦池酒“勾兑风波”，是中国白酒行业的一大“冤案”，其营销极为成功，疏于舆论危机的应对。一边是秦池的一蹶不振，一边是五粮液为范玉平塑像，上书“中国白酒勾兑之父”。时至今日，很多消费者对白酒的“勾兑”工艺仍有误解，秦池也成为“大败局”的案例一直被传来说去。白酒业的科普运动，我认为，行业有义务向消费者说清楚“勾兑”这个事，为秦池洗冤。

山东出豪杰。景阳冈，什么“三碗不过冈”，酒助英雄胆，武松打了虎；水泊梁山，众豪杰“大碗喝酒，大块吃肉，大秤分金银”，何等快意；辛弃疾，抗金名将，率50骑兵闯入数万金兵大营，追杀叛军首领，壮怀激烈；莫言小说《红高粱》里的九儿，亦是女中豪杰。这些积淀，构成了山东人的侠义精神，而这种精神的载体，就是豪爽的鲁酒。鲁酒能引领低度酒风潮，与侠义豪饮的文化特质颇有关联。

山东出文人。孔孟，被尊为圣人、万世师表，是“制定规则”的鼻祖。文人的“标配”是琴棋书画诗酒茶，酒是文人间酬酢唱和的必需品，留下诸多佳话。“济南二安”之一的李清照，有人从她的词里面考证醉酒记录达16次之多。可以说，酒深入齐鲁文脉，一脉相传。

齐鲁文化基因比较独特，豪放如辛弃疾，婉约如李清照；齐文化尚创新，鲁文化尚传统；齐鲁文化交融，则有了“崇礼仪、重教化、尚德义、重节操”的文化特质。鲁酒是中国白酒行业文化一个底蕴深厚的板块，也是齐鲁文化的重要载体。

23. 理性的边界

第一个“全国理性饮酒宣传周”的主题是“关爱成长，非成勿饮”，提高公众对于未成年人饮酒危害的认识，改变公众对于未成年人饮酒的态度。“理性饮酒”从娃娃抓起，此为应有之意。我们乐见此公益品牌的诞生，期许像餐饮业“光盘行动”一样，能得到民间的广泛响应。

“昔者，帝女令仪狄作酒而美，进之禹，禹饮而甘之，遂疏仪狄，绝旨酒，曰：‘后世必有以酒亡其国者’。”（《战国策》）这段记载，再现了夏禹的伟大英明，堪称“理性饮酒第一人”。要怪就怪仪狄，造出了酒这个“精灵”，使这东西与生俱来就成为“人妖之间”的催化剂。

“理性”的边界在哪里？我认为，有两个衡量的尺度。

一个是“法令”。理性与非理性，如同中国文化里面的“度”，向来难以把握精到，是一件不好掌握的事情。中国古代粮食是重要财富，因此历史上曾有数度“国家禁酒”，但禁不住群众的物质与精神需求，还是酒风日盛，诗仙李白还将其上升为“唯有饮者留其名”的历史高度。酒就是一种酒精类食品，本身无罪、无功，度在“饮”上。鉴于酒后驾车成为一大社会危害因素，害人害己，国家出台了“禁止酒后驾驶、醉驾入刑、与醉驾者同饮不劝阻亦受处罚”的法令，酒驾现象得到有效遏制。驾车者因社交需求不得不酬酢，则可请“代驾”，催生了一个新的行当，在一定程度上得到较好的变通。

"关爱成长，非成勿饮"的宣传，重点在"勿饮"上，就是未成年人饮酒影响成长。李方毅认为，国家有关部门应当出台"专卖"法令，从源头上进行治理，严禁向未成年人售酒，违规者要受到相应处罚。对未成年人"禁酒"，在很多国家有很好的实践，我们应该学习。

二是"健康"。中国人的"健康观"蛮有意思，另一方面是讲究养生、保健，一方面是讲究口腹之欲。在一定程度上，"健康"变成一个伪概念，说的时候要健康，吃喝的时候要口感，管它健康不健康。尤其是食品，制造者打着健康的旗号做营销，为增强口感而牺牲掉部分健康元素，可以说，当下的人们已经很难适应食物的本味。我曾有一个观点：食品饮料能不能被消费者接受，第一要素是口感，而不是健康。当然，既有好口感，又有真健康，再好不过了。

消费者在健康状态时，总能为感性饮酒找出种种理由与借口，可以一边纵酒一边规劝别人适量或不饮酒，也就是俗话说的"劝得了别人劝不了自己"，甚至将能喝酒作为健康指标加以炫耀，一场酒局，从大酒店喝到地摊，从地摊喝到KTV。何时自己能真正理性起来呢？那就是不健康的时候，真正体会到了什么叫"失去才知道珍惜"，彼时就理性起来，但也可能走向一个新的极端，有两样东西不能吃喝：这也不行，那也不行。

理性饮酒，且饮且珍惜。

24. “伪实体”趁早消灭

网上，关于实业不振的忧虑、不满比比皆是，并归咎于政策调控。我认为，不能一概而论，有悖于市场规律的“伪实体”无效运转、空耗资源，消灭掉也是应有之意。

“山寨”。没有自己的技术，抄袭、山寨而来的产品，“形似而神散”，关键技术还掌握在别人手里，腰杆不硬。最著名的就是“汉芯事件”，领先世界了，刚自豪没多久，发现是把人家产品上的logo磨掉换上了自己的，又灰头土脸了。至于那些花钱买来的“认证”“技术成果鉴定”“专利”什么的，都是糊弄局的。这样的“实体”，消耗大量资源，却没有相应的产出，何谈效率。

“劣质”。为了价格上“只有更低，没有最低”，在原材料上寻找低廉的替代品，甚至将有毒、有害的原料添加到产品中，完全不顾消费者的安全与健康。这个板子不能只打到民营与小微企业的屁股上，一些行业因为大企业的既得利益，而形成业内谁也不愿意揭开的“潜规则”、“公开的秘密”“三聚氰胺”“瘦肉精”“塑化剂”“甜蜜素”“毒胶囊”等等事件，成为“互害社会”的一个个注脚，如此害人的“实体”，能交税、能安排就业就可以听之任之吗？

“道具”。有一种类型的实体，圈地建厂做“道具”，专干从银行贷款的勾当，参与干这一祟的都假装是真的，相互勾连，以此作为利益再分配的平台。

这类所谓的“实体企业”，为“融资”而生，相当于实体里面的癌瘤，贷款“担保圈”相当于癌细胞扩散，对实体健康有较大破坏力。

实体是经济之本，是国家命脉，国家通过宏观政策调控，让那些“不实”的实体退出市场，可谓“断臂求生”，不能养痈遗患。“伪实体”利益集团化，监管不力难辞其咎，寻租者亦变相成为利益集团的成员，收了“路条费”再设卡收“过路费”，是“元凶”之一。振兴实体经济，对于“真实体”，尤其是民营、中小企业，税收、就业的主管道，应予保护与支持，减税减负以支持其发展，否则不是被苛捐杂税压榨而死，就是劣币驱逐良币，被“伪实体”连累坏。

“只有不景气的企业，没有不景气的行业”——这不仅仅是一个很励志的说法，潮水退去，才知道谁在裸泳。深度调整期，一方面是“伪实体”尸横遍野，另一方面是大而强、小而美的“健康实体”傲立市场。到市场上走一走，真伪立判。

25. 坐“黑车”

坐了一次令人“惊魂”的黑车。

骤雨来袭，离要去的地方不到三公里，为了按约到达，一面用“滴滴约车”，一面拦出租车。“滴滴”显示周围无车，出租车明明载客却开着“空载灯”从你身边呼啸而过，气得干瞪眼。十几分钟过去，再拦不到车就要爽约了！火烧火燎之际，一辆老年代步车停在跟前，十块钱成交，上车，走起。

风大雨急，开车的大爷六十多岁的样子，在行车道、公交车专用车道、人行道上见缝插针地蛇行，没警察的路口红灯也闯。心下虽急，这生猛的开车法在风雨交加中让人“惊魂”，直呼“慢开”也无济于事。大爷气定神闲：“没事，没人管得了咱这黑车，天天干，放心，楞而立！”为平复心头不安，打问一下黑车大爷的业态，说是午饭后出来到晚上七八点收工，挣一百来块钱，然后回家喝二两去，言语之间幸福满满。

——出租车打不上，“滴滴”车约不来，黑车来了，你上还是不上？急走，提心吊胆地上吧。这就是需求，这就是市场。

有了网约车之后，痛感方便，几乎不打出租车了。经常与司机聊天，他们也觉得开网约车不错，捎带脚的事，最不济一天油钱出来了。他们最担心的，就是被查，罚一次，猴年马月能挣出来。为了不担风险，干脆不干了。于是，有一个问题，大家非常不解：网约车市场已经起来了，闲置资源利用了，乘客满足需求了，但查住就宣布非法，既然这样，何不封杀了事？

盼望着，盼望着，红头文件终于恩准网约车转正了，掌声响起来。就在此时，某市客管中心发短信了：“各位驾驶员师傅：勿虑！勿信传谣！本市网约车数量规模由本市政府决定！新政实施后，无证经营除对司机处罚五千至三万元以外，还要对其平台处罚一万到三万元！是更加严厉的制裁！而且网约车运价水平也由本市政府决定！客管中心发布。由控制中心发自7月28日23时33分13秒。”

当然，还是征求意见稿。滴滴方面上书陈情了——地方细则对户籍和车辆的严格限制，将使大多数滴滴平台上车辆和司机退出，“打车难”、打车贵的旧况将会重现，恳请地方政府有关部门能给予非本地户籍与本地户籍市民同等的从业权利，莫让民众对创业创新失去信心和热情。

26.“下三路”广告

朋友原先不怎么听广播，拿到驾照开上车就听得多了，“堵车经济学”效应。头一回坐他的车，就谈起了听广播的事，哥们有些小愤怒：有些广播电台频道基本上是保健品包时段的讲座，一个主持人，接听“听众”咨询电话，广告也就罢了，男性保健品的讲座，直奔“下三路”！

互联网广告就更不用说了，“魏则西事件”，再次以一条年轻的生命为代价，揭开了游医的黑色产业链，钱网恢恢、疏而不漏。

报纸的广告，基本上也是电视广告的纸质版，内容无非就是专科医院、整形美容、保健品等。在发行环节，则有“夹报”这种形式，药品、保健品混迹其中，这路货色内容更为劣质，有些就可以判定是骗人的。一旦强力曝光某品牌，受众“不惮以最坏的恶意揣测”：广告费不够？广告投放竞争对手那边啦？得罪人了？这些游戏规则，吃瓜群众也明白。

广告与生活息息相关，是购买行为过程中的“指示牌”。但是，包围在我们身边的广告，有太多的内容“三俗”、视觉污染、审美暴力。身为广告研究者、中国广协学术委员，我每每对此类广告痛心疾首，却奈何不了，形势比人强。

文化的命运，决定国家的命运。广告是文化的重要组成部分，一方面要传递产品信息，另一方面也有传播、弘扬主流价值观的功能。社会主义核心价值观，总共二十四个字，涵盖国家、社会、公民三个层面，如此抽象的价值观，通过广告加以诠释，充分利用了全国的工地围挡进行发布，就一目了然。

好的广告，传播普世价值观。在互联网上，有一个“泰国广告”现象，就是泰国的一些广告片，能让我们感动，引发情感上的共鸣，转发率很高，泰国广告为何像泰拳一样强力击中人心，让中国人也如此为之感动？那是因为人性的光辉，照进了受众的内心，而人性的真善美是相通的。霍普金斯的《科学的广告》出版快一百年了，“时代如何变换，唯有人性不变”。

英国作家道格拉斯曾有一句名言:“透过广告，可以发现一个国家的理想。”环顾我们生活中的广告，你会发现我们国家的理想是什么？

27. 如何拿下这届老年人

“鸿茅药酒”这事，孰是孰非，搬凳吃瓜，坐等官方裁定。但作为策划人，还是想从营销角度说道说道：它是如何成功的？

网络段子说，中国好生意，无非是：向少年卖娱乐，向中年男人卖鄙视，向老年人卖续命，向上班族卖焦虑，向玩知乎的卖知识，向看微博的人卖无聊，向读公共号的人卖鸡汤，向所有想暴富的人卖区块链空气币……

这个段子里有很重要的一条：向老年人卖续命！鸿茅的目标对象相当精准，是老年人。“续命”是这个群体的痛点。综观其营销手法，老套但精准有效：

广告轰炸——媒体都是各级党和政府的“喉舌”，鸿茅药酒还是中央电视台“国家品牌计划”的明星品牌之一，那还有假吗？

广告代言——把那些大爷大妈喜欢的电视剧偶像请出来为产品代言，名人推荐，那还错得了吗？

会议营销——把老年人集中到一个会议场所，还管吃管住，讲座专家都是浑身上下挂满名头的“大师”，课程设计步步为营，不信专家你信谁？

专人贴身服务——会销后，营销专员专人贴身服务，空巢老人得到了超乎子女热情的生活照顾与心理慰藉，感动之下，就冲这些胜过子女的好孩子，不买点产品怎能说得过去？

免费——免费体检，免费试用，免费讲座领赠品，首次购买赠超值礼品，等等，老年人有大把闲暇时间，参加这些免费活动既打发时间又得免费赠品，何乐而不为？

保健品营销套路大抵如此。

此前，我通过广告一直以为鸿茅药酒是保健品，成为“网红”后，才知道是 OTC。以保健品的手法卖 OTC，也是窍门之一。

从手法上来讲，针对老年群体的营销，大概处于营销 1.0 或营销 2.0 时代，即“产品差异化功能诉求 + 情感诉求”，消费者是企业“捕捉的猎物”，策划、包装出“卖点”来打开他们的钱包。

在数字化营销 4.0 时代，用营销 1.0 时代的手法看起来是老土了，其实不然，因人而异、因地制宜才能打胜仗。这届老年人的信息获取方式与渠道，基本停留在 1.0 时代，保健品行业对市场细分与消费者心理的研究相当到位，用 1.0 的打法有实效。

关于“鸿茅药酒”事件的走向，我不敢妄加评论。即使出现糟糕的结果，我相信这届老年人也会陈情呼吁：以后让我们喝啥呢？

不要着急，新的“神药”会给这届老年人新的款款深情。

28.“文化+”怎么玩

资本家“上山下乡”，是要赚钱去；中产阶级“上山下乡”，是要去找情怀；城市大众“上山下乡”，是要去看景尝鲜……城市化进程的剧变，催生出“逆城市化”现象，又一波“上山下乡”运动席卷而来。

2017年的中央1号文，指明了“旅游+农业+农产品深加工+电商+康养+文化”的发展方向，为“上山下乡”再加温，各界纷纷对文件作出各自的解读，于是，“特色小镇”“美丽乡村”“农旅小镇”“农业产业园”“田园综合体”等模式纷纷亮相，新概念让人眼花缭乱。

模式、概念虽多，根在“农业”，我认为，1号文的“旅游+”，根本上应该是“农业+”，背离了这一根本，等于本末倒置，结果如何，不得而知。事实上，“虚火”上升的苗头，已经显现。

我在策划“农业+”项目方面，特别重视“文化引领”的规划原则，这是项目的灵魂所在，而我们四千年农耕文化，何其博大精深矣！

在项目“文脉资源”的梳理上，我一向反对“无中生有”的所谓文化挖掘，每个地域都有其独特的文化资源，就像白天星星也是亮着的，只是你没有看见它而已，何须生造？

在规划一个“农业+鱼文化”项目中，我曾用一下午时间向一位教授级“老渔夫”请教养鱼经。“老渔夫”对鱼文化有研究，建立了“鱼文化博物馆”。

一个行业，照例要寻根问祖，养鱼业的祖师居然是陶朱公。陶朱公治国、经商、泡妞的本事一等一，被尊为“商圣”，位列民间“八方财神”之一，想不到还是养鱼业的祖师，著有《鱼经》，全书凡四百余字。我查阅资料，与明代黄省曾的《鱼经》相比，陶朱公的《鱼经》似系伪作，比如说鱼池内要放“神守”，“神守者，鳖也”，说是鱼能化龙，化龙的会带着鱼一起飞走，有老鳖镇守就不会飞走。这种意思，传说而已。倒是“老渔夫”给出了一个合理的解释：鳖在鱼池里可以吃死鱼，起净化水质的作用，防止鱼病，鱼池内养鳖，是一种生态平衡。丰富的“鱼文化”，开阔了我们的视野，对项目的规划设计起到了指引作用。

在东阿的一个“农业+”项目规划中，我在“文脉资源”梳理阶段，再次被深厚的文化底蕴所折服。曹植封“东阿王”，来到此地，感叹“田则一州之膏腴，桑则天下之甲第”，涕零上谢表。春秋战国时期，“阿缟”即天下闻名，植桑养蚕缫丝，《史记》中有“秦昭王服太阿之剑、阿缟之衣也”。曹魏时期，给曹操献策“屯田制”的枣祇，曾为东阿令，重视农桑，是一位“农圣”。有人认为，历史上的“丝绸之路”的起点应该是“阿邑”，即东阿，这里是中原地区丝绸主产区，丝绸源源不断运往长安，长安只是货物的集散地而已。所以，在项目的文化挖掘上，我们找到了“桑蚕文化”。有意思的是，曹植也像陶朱公，是个了不起的“祖师爷”，一个是“梵呗”祖师，日本、韩国的僧人现在还来东阿鱼山来拜祖师；一个是“杂技”祖师，这一行拜曹植，是因为他当年的娱乐活动发展成了一个行当。

啥是文化？陶朱公、曹植的先进事迹说明：文化就是会玩儿。

29. 向有司学文案

“慢就业”一词横空出世了。

一不留神，新词“慢就业”在网上就“吹皱一池春水”了。干卿何事？不明觉厉，还是想看看是啥来由。原来是2016年10月2日，《光明日报》头版发了一则短评，针对1000万大学生遇到“史上最难就业季”，倡议“慢就业不失为一种选择”，全文仅仅不到300字。随后，有媒体接棒，称“慢就业”在发达国家很流行，叫“间隔年”（Gap Year），即大学毕业后不马上工作，而是去做自己想做的事。

恍然大悟。

悟过之后，我不禁油然而生敬意，景仰之情犹如滔滔江水连绵不绝，对有司的文案创意顶礼膜拜。“慢就业”仅3个字，一篇重磅评论仅不足300字，切中人力市场的要害，温暖找不到工作的大学生的心，也给家长深深的心灵抚慰，先干自己喜欢的事吧，人家美国总统奥巴马的闺女也“Gap Year”哩，美国都这样，咱们有样学样吧。

记得刚入文创行业时，膜拜的是国外那些文案大师，将其著作奉为圭臬，如狼似虎地去啃噬。某国际大公司给大中华区新人培训的书单里，有《延安文艺座谈会上的讲话》《实践论》《矛盾论》《寻乌调查》等，当时还不太理解，后来就明白了：文创离不开主流，要与主流话语体系相结合走文案的特色之路，在什么山上唱什么歌，要本土化。主流是谁？当然是有司。

文创业的人士，人多才，文人相轻、恃才傲物啥的还是常见的，对主流的东西不很待见。事实证明，这有点书生意气，真正高手从来不在民间，民间高手多雕虫小技耳。有司是“精英中的战斗机”，是真正的高手，有大创意、大策划、大手笔、大文案。

有司的品牌化运作趋势强劲，整合营销风生水起，“始终和你在一起”“今天我们这样爱国”，广告就做得蛮好。可以预见，有司将成为文创业的重要客户群体，有必要向有司学学策划、创意、文案。

虚心点，说你行，你就行，不服不行。

30. 享年2.5岁的宿命

去某地出差，席间听主人谈及一则当地新闻——当地一明星企业家，市里树立的典型，不久前被拘留。身份嘛，当然是民营企业老板，原因嘛，遇到了“环保风暴”的风口，从座上宾沦为阶下囚。这个老板的工厂工人白天不能开工，下半夜干活，黎明收工，被敬业的环保执法人员发现，虽未抓现行，但现场尚未收拾停当，且测量指标显示超标，被定性为“不收手，对抗环保审查”，大清早就到老板家里抓了直接送拘留所了。

这件事情，令人唏嘘。

某市宣布关停近8000家小微企业，其中有两家就是我们家亲戚，其情形甚是无奈，不能干活，还不能辞退工人，硬耗着。

据《中国中小企业人力资源管理白皮书》调查显示，我国中小企业平均寿命仅2.5年，平均安排13人就业。普华永道有一项调研，数据也是平均寿命仅仅2.5年。

这些数据，同样令人唏嘘。

社会在进步，我们赶上了盛世，终于知道了PM2.5，知道了雾霾，知道了镉米，知道了癌症带……我们坚决拥护国家治理污染、保护环境的大政方针，这是民生大计。令人忧心的是，一场“环保风暴”，一些小微企业恐怕难逃“享年2.5岁”的宿命。

我所在的街区，常见到一些门店关门大吉，但很快又有装修队伍入场干得热火朝天，每每感慨：小微企业的“野草精神”，春风吹又生！

“享年2.5岁”，毕竟来过这个世界。

于是，想起了狄更斯《双城记》开篇的那一段，抄录于下：

这是最好的时代，这是最坏的时代；

这是智慧的时代，这是愚蠢的时代；

这是信仰的时期，这是怀疑的时期；

这是光明的季节，这是黑暗的季节；

这是希望之春，这是失望之冬；

人们面前有着各样事物，人们面前一无所有；

人们正在直登天堂，人们正在直下地狱。

31. 捐款去哪里了

“5•12”大地震，举国震痛。一场“多难兴邦，重建家园”的国家公益公关活动，令无数民众流着泪捐款捐物，那些贫弱者捐款的故事经过媒体的宣传，激发了更多民众的善举。

万科作为房产巨头捐了200万，规定员工捐10元。于是，万科与王石卷入舆论漩涡，在当时的情境下，万科的捐赠毫无悬念地被“道德绑架”。

被“道德绑架”的何止是万科？以单位名义规定捐款数额、规定必须捐，都在“道德绑架”的范围。

我强烈反对“道德绑架”，捐不捐，捐多少，要看个人的意愿和能力。很多被褒扬“慈善典型”（包括公司与个人），之所以“感动中国”，是因为他们在生活难以为继的情况下周济其他人，基本属于更穷的人向穷人施以援手。这种“穷帮穷”的“慈善标本”并不值得拔高，从人性角度来讲，在自身与家庭生活尚不能自保的情况下做慈善，本身就是不道德的。

在万科被舆论审判时，我默默为万科投了赞成票，并为“5•12”捐了10块钱，是让儿子捐的。

那时儿子尚是小学生，放学回家跟我要100块钱，说是班主任让学生为“5•12”捐款，并说同学们都互相攀比，捐少了没面子，最多的有要捐200的，他捐 100 占中游。

小学生捐哪门子款？而且是学校统一组织，在学校与老师鼓动下，学生相互攀比，回家向家长要钱，很多家长又成为支持者，形成了一个畸形的“慈善圈”。

与儿子细细谈心，该如何理性表达自己的善心爱心，然后，给他 10 块钱，告诉他，你不挣钱，你捐这 10 块钱，就是父母的，你代表我们全家捐，父母在单位就不捐了。

据民政资料显示，地震后半年内，全国为“5•12”募集款物 762.14 亿元，超过 1996 年至 2007 年全国救灾捐赠款物的总和，因此，2008 年也被称为“中国公益元年”。

虽然有媒体追问“5•12”善款的去向，但绝大多数捐款者，并不知晓自己的捐款去了哪里，用在何处。问与答，也是神仙打架。

“5•12”地震 3 年后，郭美美网上炫富引发了“5•12”最大的余震，“××会”被扒，慈善还是伪善，令民众焦虑不已，“塔西罗效应”将中国式慈善置于尴尬境地。时间是最好的和稀泥者，舆情消退，民众也没弄清楚个四五六，只留下一个响亮的“SLOGAN（口号）”：捐你妹。

余震之余震，就是受捐者的质问。我有朋友是职校校长，按照指示接受数名灾区学生继续学业，学校给灾区学生最好的待遇，来校后组织了捐款，由于数量不多，灾区学生找校长质疑：捐款为何这么少？

2018 年 5 月初，十几年来闻名全国的“爱心妈妈”“河北好人”李利娟，被公安机关以涉嫌敲诈勒索、聚众扰乱社会秩序犯罪对其采取刑事拘留强制措施，查封银行存款 2000 多万元。李利娟收养了 75 个孩子，都是被遗弃的孤残重症者。2004 年，李利娟亲生儿子颈椎骨折需要手术，同时养子脑积水有生命危险，经权衡她带养子赶去上海救治，从此亲生儿子拒绝见她。

李利娟事件再为中国式慈善打上一个重重的问号。作为任何有善举的公民,不应一捐了之,而应将善举进行到底,弄清楚这个问题：我的捐款去了哪里？

32. 免费的代价

截至2014年底，我国60岁以上老年人口已经达到2.12亿，占总人口的15.5%。据预测，本世纪中叶老年人口数量将达到峰值，超过4亿，届时每3人中就会有一个老年人。民政部、全国老龄办数据，我国空巢和独居老年人近1亿人，60岁以上失能半失能老年人约3500万人，要把帮扶困难老年人作为发展老龄事业的重中之重。根据联合国定义，当一个国家或地区60岁及以上人口占总人口的比重超过10%，或65岁及以上人口占总人口的比重超过7%时，通常认为这个国家进入老龄化。

对于人口老龄化现象，各地都推出了针对老年群体的扶助政策。2013年起，济南市公交总公司开始办理老年人乘坐公交车的“优惠卡”与免费卡。具体规定是：具有本市户口且年满60至64周岁的老年人可办理“优惠卡”，享受半价乘车优待；具有本市户口且年满65周岁及以上的老年人可以办理老年“免费卡”。

公交总公司作为济南市的公共服务机构，推出老年“免费卡”，很好地履行了公共服务职能，作为一项便民措施，体现了政府对老年群体的关注、关心、关爱，也受到了广大老年群体的欢迎。但是，在现实中，仍然存在诸多问题。比较突出的问题，是降低了公共交通的效率。

“公交优先”是缓解城市交通拥堵问题的直接、有效手段，并划出了“公交专用车道”、开通了“BRT”等快速公交，可谓多措并举。由于老年“免费卡”“优惠卡”的使用，老年人成为公交乘客中的重要群体，与上班族、学生“三分天下”，尤其是早间时段，是老年人乘坐公交车外出活动的主要时段，早高峰期间占用公交资源比重较大。办理“优惠卡”的为60～64岁老人，办理“免费卡”的为65岁及以上老人，因为年龄与身体原因，行动不便、迟缓，加之会携带手拉车之类载物工具或便携器具，延长了上下车时间，也就降低了公交效率，增加了普通乘客的时间成本，“挤公交”成为上班族的出行“痛点”。

基于社会主义核心价值观与社会公序良俗，公交车上都设立了“老弱病残孕专座”，但通常只有几个座位，显然是象征性的。于是，公交广播会一直提醒乘客：“为老、幼、病、残、孕及怀抱小孩的乘客让座。”从商业服务角度来看，买票坐公交的乘客，没有义务给他人让座，而公交广播在一定程度是“道德捆绑”，给老年人让座，一方面体现了年轻乘客良好的素质，另一方面却侵占了他们的利益，因为他们花钱购买了乘坐公交的服务。近年来，各地老年人“争座”的不良现象时有发生，甚至出现辱骂、攻击不让座者的行为，引发了广泛的社会讨论，也撕裂了社会族群之间的情感。

在一个正常运行的社会，“免费”可以作为一种商业活动的短期营销手段，但作为社会事务则行不通。“免费”将会引发巨大的需求，但这种需求是“无差别”的，“假需求”往往会掩盖甚至驱逐“真需求”。重大节日长假期的“高速公路免费”，是以“让利于民、便民”为出发点的，但彼时的高速公路拥堵成“停车场”，利是让了，但没有畅通的便利。而且，事实上这个政策只是让利于“有车族”，广大“无车族”与其无关，本质上是社会公共资源分配的不均衡。

公交“免费卡”，因为“免费”，激发出了“反正不花钱，没事坐公交”的“假需求”，挤占了“真需求”的空间，造成公共资源的低效率。“免费卡”本意是扶助老年群体，但却造成了公交公共资源的紧张，降低了出行效率，可谓事与愿违。因此，建议取消“免费卡”，改为“公共交通现金补贴”，或能破解此问题。

33. 山寨快消何时了

周末路过国际会展中心，见是一场名头很大的食品博览会，特意去看一看，快消品眼下都有些什么新花样。

观感可谓乏善可陈。

一个是基本不见大牌厂家，出场的大多是借势知名品牌“沾光”的小厂家，比如白酒借势洋河的“洋河系”，借势茅台的“茅台系”，借势景阳冈的“景阳冈系”。这些打擦边球的企业，对消费者来讲，在辨别上还有一定难度。比如乳品企业，就直接叫什么“特仑”，尽可能接近“特仑苏”。

再就是产品上的超级模仿。“六个核桃”之后，市场上出现了很多“××个核桃”，模仿最像的好像叫“大个核桃”。这个展会上，看到饮品品牌，有“一个果子”，有“一个柠檬”，等等，也是超级模仿的路子。更有意思的是“江小白”系列，不但瓶型、瓶贴、文案风格超级模仿，商标上更是令人忍俊不禁，如“江小”后边缀上“白”；还有一个“江少白”，“少”的字形尽可能接近“小”字；还有一个“红小白”，“红”的字形尽可能接近“江”字。

不禁想起了一个很搞的事情。某年，在一超市，看到一个冷冻鸡产品，叫“沙漠土鸡”，包装不错，卖点也诱人：来自大西北，吃蚂蚱、青草，喝雪山融水……买了一只，准备料理时，仔细看了一下拆下的外包装，才发现商标是“沙漠土”，不是什么“沙漠土鸡”。更令人啼笑皆非的是这只鸡的产地，山东聊城。这个产品在电商平台上也有，价格较高，可别看走了眼。

整个展会走马观花下来，感觉就是一个“山寨展”，这就是快消品江湖的现状：捣糨糊。

“企业战略就是产品战略”“产品力才是核心竞争力”，这些道理大家都能理解，但现实很骨感，小公司大都不约而同地选择了“山寨”生存法则。

这个现象的形成，原因复杂，可能还会长期存在下去吧。

34. 另类平台思维

我去上海拜访朋友。

在接我的路上，朋友讲了一件事。事情是这样的：朋友在某晚应酬完毕后，用“优步”叫了一部车，驾驶员和他聊天，聊自己的生意，原来是一个某种建材生意做到很大的老板。这个老板是浙江人，公司安在上海，每月在上海住半个月，处理完公司事务后，就在大上海驾豪车开“优步”。这位老板，不仅把自己的生意讲得很透彻，还互留名片或电话。

这件事，对我触动很大。

做大生意的老板，这么干，是不是作秀？就像任正非，每坐一次地铁、出租车，都引来媒体“狗仔队”一般的热情和投入。任正非就是作秀，只不过艺术性比较高，高调反而呈现低调的状态，就是高调中的“战斗机”了。认为其不高调的，就不议了，免得争起来互殴。

同事说的这位开“优步”的老板，在上海做到某个行业产品的大老板，收入自然也是可观的。但是，人家能开“优步”，且在载客过程中与乘客交底，并能互留联系方式，我觉得这就是思维方式的问题了。按照一般的状况，老板开网约车，遇上个熟人情何以堪？这位老板，不是那种量级的，无“秀”可做，闲着也是闲着，挣点钱总比不挣好。

我认为，这位开“优步”的老板，有另一种“平台思维”，他将“优步”

作为平台，在“驾驶员”的位置上和人去沟通，并且有诚意，与乘客建立起联系。

“平台思维”已经渗透到各行各业了，平台也多如牛毛了，说法也都是高大上的，诸如“资源整合”“互利共赢”“抱团取暖”等；模式也高大上了，诸如各种各样的“众筹模式”。事实又如何呢？冷暖自知吧。

“平台思维”大家都在讲，也在寻求模式，但还是找不到抓手。究其根本，一是要有诚意；二是要接地气；三是最重要的，要按照规则办事。

35. 大喇叭开始广播啦

五一假期，回老家一趟，村子里的大喇叭不停地循环播放“防火文告”，归乡的喜悦被噪声扫荡，遂落荒而逃。

关于广播喇叭的记忆，还是蛮有意思的。

不记得我们家有有线喇叭，但在外婆家见过，挂在墙上，黑不溜秋的，从没听过有广播的声音。

童年时代，收音机是家里的贵重物品之一，中央人民广播电台有一个节目，“小喇叭开始广播啦”，听着就像过节一样高兴，还有“孙敬修爷爷讲故事”，可好玩了。

大喇叭是村里的“权力中心”，村领导讲话，得先有几声“喂喂”，然后就是“社员们注意啦，社员们注意啦……”社员们无论手里有什么活，都会停下来，竖起耳朵细听。

大喇叭在很长一段时间里，是农村的主要信息来源。刚参加工作时，听公社书记出身的领导讲，当年上级有重要指示传达，要组织民兵“护线”，每根广播电线杆下站一个荷枪实弹的民兵……

这次回村，又听到了大喇叭广播。起初不以为意，广播个三五遍也就罢了，没承想，无间歇循环播放，一个劲地往耳朵里“硬灌”。广播的是“防火文告”——不久前，发生了一场大山火，损失惨重，这是事后的补救措施。

大喇叭循环播放，不听也得听，听了以后更加郁闷。文告宣称：广大村民不要上坟烧纸，提倡家庭追思会、网上祭拜、鲜花祭拜……像爱护自己的眼睛一样爱护绿水青山……不知道这篇文告出自何人之手，反正我断定作者不谙民情，闭门造车出门不合辙。这里的民风民俗和经济不发达，根本不支持那些在办公室里拍脑袋想出来的做法。

作为传播学研究者，我对这种简单、粗暴的“噪声传播”深感忧虑，不但宣贯方式陈旧，而且把老百姓远远甩了不知道有多少条街了。

对谁说。

说什么。

怎么说。

不忘初心，方得始终。

36. 乡村“丢”人难振兴

2018年2月4日，新华社被授权发布《中共中央国务院关于实施乡村振兴战略的意见》，1号文出台，照例聚焦“三农”。

我认为，2018年的1号文，提出的“乡村振兴战略”，是新时代的大战略，是真正的顶层设计。年年1号文，年年重视“三农”，随之出现了农家乐、美丽乡村、特色小镇、田园综合体等不同部门利用各自资源优势催生的业态。2018年，九九归一，统合为“乡村振兴战略”，升级为整合的国家战略，“三农”问题找到了破解之道。

在为2018年1号文点赞的同时，我认为，乡村振兴从战略到变现，有相当长的路要走，而要实现乡村振兴，必先实现人才的“逆城市化”，不能再“丢”人了。

不久前与一东北朋友交流，谈到“东北振兴战略”的不奏效，他认为主要是“丢”人，也就是人才流失，大量本地人才外流，而外地人才流入太少。我认为，再多的1号文，如果不能终结乡村“丢”人的问题，都将是一纸空文。

历史的原因，“剪刀差”造就了工、农是两个阶层，即使是市场经济时代，社会心理上的“剪刀差”依旧存在且深深割裂这两个族群。记得20世纪80年代中期上初中，我们镇上中学有一个人考上了中专，被学校请回去给低年级学生做报告，那真是英雄的待遇。听完报告，老师再教育我们：“你们要向××学习，考上中专，吃国库粮，顿顿白面大卷子（馒头）！”那个时候的学习动力，就是为了顿顿吃上白面大卷子！说到底，就是为了离开农村。

计划经济时代，乡村人才流出的管道不外乎考学、参军；市场经济时代，乡村人才的流出渠道多元化。不管如何，基本是净流出的“移民”路线：从村里移民乡镇，从乡镇移民县城，从县城移民地级市，从地级市移民省城，从省城移民北上广……乡村人才“空心化”了，靠国家政策与财政补贴，基本上是有去无回，谈何振兴？

当年以“壮士一去兮不复返”的决绝离别农村的人，当下有“记得住的乡愁”，却又感慨“回不去的故乡”，这些“城一代”的子女，除了还有个“老家”的概念，大概不会与乡村有交集了。有些城市孩子回乡村老家，因为没有马桶而不能方便，这绝不是笑谈，而是真实的存在。人往高处走，水往低处流，实现人才流动的“逆城市化”，谈何容易。

人才“逆城市化”回流乡村，靠文件号召解决不了问题。历史上曾有激烈的社会实验，那就是“知青下乡”，不提也罢。

37. 别让谁谁谁跑了

“董小姐炮轰‘门口的野蛮人’！”

“曹德旺跑了！”

“曹德旺跑了，宗庆后也要跑？”

“不要让曹德旺跑了！”

……

继“李嘉诚跑了”之后，“中国首善”曹德旺美国投巨资建厂，造成实业界“雾霾”拉响“红色预警”，各路“段子手”纷纷“吐槽”：

“‘美国鹦鹉’误导决策者！”

“他说‘中国是中国人的中国’，可现在跑了！”

……

曹德旺为什么跑了？人家自己有本账，算得清清楚楚。各路专家搬出了各种数据，用大数据挖出了根底。作为吃瓜群众，也能用常识做出判断。

企业家到哪里去投资，像“人往高处走，水往低处流”一样，无可厚非。各方面因素，令实业难以生存，要么死掉，要么走掉。

中央经济工作会议，公报中首提“百年老店”，就是实业界常常提及的“百年企业”“百年品牌”愿景目标。对于打造百年企业，我的理解很朴素：一个企业的大职就是持续地生存发展下去。只有存续下去，才能担当纳税人的责任，才能担当员工安心乐业的责任，才能担当股东获利的责任，才能担当企业公民的社会责任，才能担当产业“生态健康”的责任。企业可持续，是最大的责任，活下去，是根本。

在我们所受到的“爱国主义”教育中，令人血脉贲张者，一为“投笔从戎”，一为“实业救国”。当今盛世，新常态、新方位下，兴实业方可兴国。所有为实业制造“雾霾”者，都是“爱国贼”。

38. 看不见的手

郭德纲与曹云金师徒翻脸开撕了，吃瓜群众搬凳围观，“颈项都伸得很长，仿佛许多鸭，被无形的手捏住了的，向上提着。”

一个名里面占“德”字，一个名里面占“金”字，不但是这对冤家，大凡走到开撕这一步的，无非围绕“缺德与贪金”的主题搞。只要没有司法介入，此类开撕都是“罗生门”式的结局，各说各话。吃瓜群众喜闻乐见，一旦有新的热点出现，便转移视线。

从市场营销角度来看，这是典型的“事件营销”，看热闹的不怕事大，当事人则怕事不大。通过这么一场“吸睛大战”，双方的知名度、关注度更高，成为媒体关注、评论的焦点，不太红的红了，已经红的更是红得发紫了，真是皆大欢喜。明星个人品牌资产的评估指标里，就有根据上了多少平媒版面、网络转载量进行估值的计算方法。

娱乐业是一个做事件营销与传播比较成熟的行业，丰富了吃瓜群众日益增长的精神文化需求。对此，有些坚守传统话语体系的主流媒体发声：吃瓜群众对科学知识界的漠视与娱乐业的热捧形成的鲜明对比，令他们痛心疾首，是极其不正常的社会现象。其实，这些“主流媒体”有些过虑了，在过去，每个行业都遵从自身的行业属性运行，在“世界是平的”当下，可以说“所有行业都是娱乐业”了，缺乏娱乐精神，吃瓜群众不买账也在情理之中。

亚当·斯密有一个著名的隐喻：“看不见的手。”从营销角度看，消费者未被满足的需求和引爆需求的力量，都是那只“看不见的手”。比如，一些企业将《弟子规》作为企业文化教材，一本诞生于清代的儿童启蒙读物，居然成为当今成年人做人做事的行为规范，这本身就是严重错位的现象，但为什么大行其道，得到很多企业老板的拥趸，让一大把年纪的受教育者痛哭流涕呢？这说明，这类群体有需求。再比如，于丹在《百家讲坛》讲座，学问家斥之为浅薄的“心灵鸡汤”，但有很多人追捧。还有《此心光明万物生》之类鸡汤著作也是不断闪亮登场热卖……这是因为市场有需求。市场需求，就犹如那只“看不见的手”，吃瓜群众就随着这只手的指挥转。这需求，一方面是现实存在的；另一方面是潜在的，被激发起来之后，则势不可挡，比如出国买个电饭煲、马桶盖啥的。在所有行业都变成娱乐业的时代，缺乏娱乐精神，不搞娱乐营销，会不开心的。所以，做产品与服务要科学严谨，做营销推广要多些娱乐精神。

生活中不只有苟且，还有更多狗血，来娱乐吧。

39. 创业是一世的修行

这是一场因为政府招待所裁员导致的帝国崩溃的“蝴蝶效应”。

大明崇祯皇帝有个御史叫毛羽健，官声不错，但惧内，不敢纳妾。有一次，终于将老婆打发回老家省亲，趁机在京城纳了妾。好景不长，毛御史的悍妻杀回了京城，把他好一顿收拾。毛御史极其恼火，把情绪转移到帝国的驿站系统上，正是其帝国邮政信息物流中心、各地政府招待所的功能，使得毛妻“乘传而至”。毛御史于是给崇祯上了封奏折，提请裁撤驿站，节省国库开支。提案冠冕堂皇，以穷和节俭著称的崇祯大帝准了毛御史的上奏，驿站裁员精简运动开始。在陕西，有个驿站的驿卒下岗失业了——他，叫李自成。

后面的故事，大家应该都知道了。

由此可见，自古就业是社会稳定的基础，管子总结为“仓廪实则知礼节、衣食足则知荣辱”，更简洁的表述是成语“安居乐业”。居不安、无业乐的情况下，创业也是一个选项。有政策的支持，有舆论的引导，有资本的推动，有互联网 + 的神器……创业一度成为一个大“风口”，一些猪飞起来了，但更多猪掉下来了。

潮水退去，才知道谁在裸泳。现实很骨感，创业成功的确是小概率事件。很多初涉社会的创业者（大学生群体为主），以失败而告终，没有多少幸运儿能够烧 VC、PE 的钱，大部分是烧掉了家里的钱，家庭财富在一场轰轰烈烈的创业运动中被重新分配了。与消失的财富相比，挫败感将与这些刚刚步入社会的年轻人如影随形。

创业如此艰难，难道就不创业了吗？当然不是，创业和创新是一对黄金搭档，不创业，创新就没有进步，这是社会主旋律。在喧嚣过后，我认为，对创业的认知，应摆脱路径依赖，另辟蹊径。

一是建立“大创业观”，即把职业生涯中的每一次重要选择都视为一次创业。自己或几个合作伙伴成立公司才是创业，这是一种“小创业观”。没有独立创业者，不是老板，但将选择的工作视为一场创业，以“创业者的心态去工作”，也可以成为一个“成功的创业者”。推而广之，人生的每一次重大选择都是创业，工作中的每一项重要工作都是创业，不管是不是老板，人生就是一场不断创业的修行。

二是可以选择“平台创业”。陈春花教授在《哈佛商业评论》著文指出，百年管理历史，强调的是“分工、分权、分利”，互联网时代则走向了协同，即管理的“整体论”。传统的公司法人治理结构、管理模式已经难以与新时代协同，一方面是用人单位招不到合适的人，另一方面是求职者招不到心仪的用人单位。在人才与用人单位之间上演“三岔口”之时，平台创业的实践应运而生，比如传统制造业的海尔模式，“平台主，小微主，创客”形成海尔创业平台上的一个个子平台；再比如电商行业的韩都衣舍模式，以“小组制”为核心的电商生态创业平台。平台创业，以平台的资源为依托，降低了个人创业的风险，培育出一些年轻的创业英雄，实现平台生态系统的共赢。

三是从小微创业、短期创业开始。创业成功的要件是核心竞争力，但大部分初创者并不具备在技术层面的革命性的竞争力，更多是在服务业寻找商机。

随着服务业比重在国民经济中的上升，商机无限，创业可以从小微开始，把规划放在短期，将这个过程视为“练手”，假以时日，风云际会，创业英雄会横空出世。

“人生总有起落，精神终可传承”，创业是一世的修行。

第四章 文化

企业文化，
就是在企业中做事的习惯方式。

1. 企业文化是个啥梗

这是一个很特别的企业。

总裁来自某行业全国最牛的公司，经历了那家最牛公司从初创到最牛的全过程，属于创业元老中的中层，随着最牛公司创业领袖的退隐，他们一干旧部也作鸟兽散。

总裁离开最牛公司后，一直在不同行业创业，最终还是落脚到农产品领域时，已经是第五年。

总裁也找来了几个最牛公司时期的老兄弟入股，自己任职总裁。

在资本助力下，新商业模式的构建如火如荼，各级政府官员纷纷来公司视察，媒体也热切关注，创办以来就是“明星企业”。

从逼仄的办公场所搬进敞亮的工业园，员工队伍快速膨胀，总裁于是做出决策，聘请全国一流专业机构，为公司打造企业文化。

一切按照专业的流程来，一切进展顺利。在总裁主导下，企业文化中的“价值理念”部分方案顺利通过公司高层的审定。

项目组正在准备下阶段作业时，一个“翻转”的消息传来：总裁彻底否定了已经审定的方案。

于是，煎熬开始了。

按照总裁的想法，新一轮的访谈开始。这次访谈距离首次访谈不过数月，却是“人面不知何处去”了，总监级离职过半，基层员工离职率也很高。

这一轮访谈，和首次访谈的最大区别，是受访者的抱怨、忧虑，包括高层，也在疑虑“红旗能打多久？”。可谓人心惶惶。而总裁对于离职现象，却是信心飞扬：道不同不相为谋，我们做企业文化的目的，就是让人有信仰，无信仰的清除出去。

数次提案，无果而终，总裁结论：你们小学水平。

总裁，您到底想要什么？

总裁也是刻苦钻研的——专门抽时间研究了宗教，伊斯兰教、佛教、基督教，企业文化嘛，就是企业的宗教，要信就不要谈条件。

总裁谈自己创业的初心，谈出身农村的农业情结，谈在中国最牛公司的经历，谈对最牛公司领袖的崇拜……我相信，他是真诚的，他需要所有人相信，他创办这家公司的初衷是朴素而又伟大的，认同他的人，可以为之无条件付出才对。

总裁制定了一项制度，在新工业园职工食堂，职工必须自己就餐完毕后洗刷餐具。就是这么一项规定，导致有些年轻人吃泡面也不去食堂就餐，甚至有人因此离职。

总裁推崇华为的“床垫文化”，自带床垫加班，为什么不能自己清洗餐具呢？

总裁自己每天工作十几个小时，在食堂就餐时，也亲自洗餐具。

在中国最牛的公司里经历了从初创到巅峰，这样的烙印对任何人来讲都是刻骨铭心的，更何况总裁，真金白银从自己兜里掏了几千万来创办公司，他心目中对标的一定是最牛公司，他心目中的公司文化，也可能是这样的吧。

我们能够理解总裁的真诚与无私，以及他惠泽天下的商业模式，但是我们没有创建宗教的能力，总裁对我们不满意也是必然，炒我们鱿鱼，也无话可说。

这位总裁给我们最大的警示就是，要弄明白什么能成为真正的企业文化。

2. 文化何以自信

2017年8月25日，北京大学新结构经济学研究中心主任林毅夫教授团队发布的《吉林省经济结构转型升级研究报告（征求意见稿）》（以下简称《吉林报告》）引发学界与民间的“吐槽”。

有一位在南方经商的东北大哥发了一篇长文，直指林毅夫教授团队“缺乏常识”，并为自己挚爱的吉林老家开了一系列药方。其中一个方子：文化自信。

这是个很有意思的话题。文化自信，何以成为振兴一方经济的良方？

山东省曾经拍过一部电视大剧《闯关东》，讲述的就是山东人闯关东的故事。从清朝末年到20世纪60年代，闯关东是一次延续一百多年的移民活动。改革开放之后，随着东北工业的衰弱，关东人开始“闯山东”，尤其祖籍是山东的东北人。我曾走访东三省市场，与客户论一下祖籍，十之六七是山东的，陌生人之间很快就亲切起来。后来给关东某旅游项目做过策划，主要针对山东游客，主题就是“山东人赏关东”，当年是闯关东活命，今天是赏关东观景，抚今追昔，换了人间。

闯关东的人口迁徙活动，所蕴含的是“移民文化”，也就有其文化特征。移民文化中有一个隐秘的群体指向：我们从哪里来。这个“来处”，就是群体的精神图腾，比如山西移民的图腾就是“大槐树”。清乾隆三十六年，在俄国伏尔加河流域的土尔扈特部因不堪压榨盘剥，举族东归大清国，十七万人东归征战，“其至伊犁者，仅以半计”。其东归因素复杂，其中的文化因素为：土尔扈特人全民信仰藏传佛教，沙俄政府迫使他们信仰东正教，土尔扈特人不能接受。

土尔扈特人东归，是一种群体心理认同的结果。从个体角度看，比如生活中很多在养父母家长大的人，一旦得知自己非亲生，大部分会改变生活状态，不惜一切代价去寻找自己的亲父母，道不尽的人间悲欢离合。

从移民文化角度来看一些民族、宗教的现象，破译群体的“精神图腾”，或许能得到一种解释。北宋期间来开封经商的犹太人，定居下来成为一支移民。历史久远矣，但如今的开封犹太人在思谋“回归以色列”，是文化以及文化认同让他们获得了“自信”。东北经济问题，从历史角度应该再往前推个一百多年看，要从移民文化角度看，百余年移民史在群体心理上还没有建立起新的“精神图腾”，还没扎下根。

我作为“文化创意产业园财政资金项目”审核组成员，前不久参与审核了几个园区。这些园区，是在国家“文化自信”大政方针背景下诞生的，在文化产业内容建设上，大同小异，大家在拼数字化技术的应用，产生自信的文化内容稍显单薄。

文化何以自信？我认为，从移民文化切入，由个体的文化自信到群体的文化自信。比如，目下以中国城市化速度之快，城市居民主体上属于移民群体，这些个体在这里找到了“图腾”，找到了认同感，才能自信起来。只有个体自信起来，群体才能自信起来，文化才能自信起来。

3. 培训到底有没有用

参加客户的季度经营会议。总裁在讲话中，突然来了一句：明天星期天，请李方毅老师给干部做一场培训。

没承想，来了这么一个“活儿”。

在客户服务的“活儿”里，我最不敢接的就是培训，能推掉的一概推掉。何况，培训之前是要做很多“功课”的，受众概况、需求、课件内容、讲授风格等，要有一个准备阶段。这次培训，毫无准备，真挠头。

第二天，培训按时开始。开场，我先抛出了一个问题：“培训到底有没有用？”

这是个老生常谈的问题。

2003 年，我受投资人委托，创办一家营销企划公司。投资人要求，只招应届生。于是，当年毕业季，我的主要工作是奔波于各大学校的招聘会，收简历、面试。从 400 多人中，筛选出 40 人，进行入职前培训。经培训，正式入职 20 人，开始了长达 1 年的培训。10 年以后再来看，优异者 2 人。

2009 年，我到一家企业任职，老板也是坚定的应届生招募者。刚到公司，参加了要派遣至各地建办事处的人员会议，会后即向老板建议：这些娃娃兵，这么急促地派出，恐怕不行，起码也要做一次集中短训，否则，成果堪忧啊。后来，在某高校的人力资源论坛上，我还受委托专门做了《学生军是如何炼成的》报告。现在想来，还为彼时的大言而脸红。

2003年时，培训就是工作，工作就是培训，所以，我提出“培训是公司最大的福利”，并在公司文化体系里把这一项放在重要位置，反复宣讲，且力行之。从现实来看，培训的效果很不理想。前两天看到迅雷前高管的一个演讲，讲创业的，里面有个观点，我很认同：小公司（创业型）不要找新手，培训成本太高。

回到先前的问题：培训到底有没有用？既有用，也没用。

从上学到工作，都是接受培训的过程，培训的结果是，有些人成才，有些人平庸。对于渴望成才的人，不会放过任何培训的机会，内在的强烈需求，激发了他的学习的欲望激情燃烧，离成才越来越近。对于没有什么想法的人，培训对他来讲是一种负担，是一件要想办法远离、摆脱的事情，他离培训有多远，就与成才有多远，当然，天才除外。

培训是公司最大的福利，不同的人有不同的对待方式。对有的人有用，对有的人没用。

很简单，没什么深刻道理。

最后说件真事——我招的一个应届生，对于写工作日志、培训很反感，找我谈：“我需要快乐地工作。”我对他讲：“你要快乐地工作，就要辛苦地生活；要想快乐地生活，就要辛苦地工作。”都不想，回家找你妈去吧。

4. 那时的资本家

故事大意是这个样子的——改革开放之后，中国企业开始注重企业文化建设，天津就派了一个代表团，到日本去“取经”。日本某知名企业接待时，很惊讶，告诉代表团的人，他们的企业文化是跟中国学的，这套企业文化叫《东亚铭》，东亚公司当年就在天津。

20 世纪 20 年代从美国留学归国的宋棐卿在天津开办“德昌洋行（德昌贸易公司）”，后又创立“东亚纺织（东亚毛呢纺织股份有限公司）”，生产“抵羊”（抵制洋货之意）牌毛线。

殊不知，宋棐卿在天津开办的“德昌洋行”，是山东“德昌洋行”的分号，是真正的鲁商。宋棐卿他爹宋传典，是近代鲁商传奇人物，受英国传教士资助在教会学校上学，开创了“公司 + 农户”模式，成为欧洲市场发网生意的最主要供应商，凭借雄厚财力，宋传典在 1922 年竞选当上了山东议会的议长。

2010 年，山东商报社编辑出版《鲁商——山东商帮财富之道》一书，全书收录了 22 个代表性鲁商品牌，我与刘学民先生受邀担任本书案例特邀点评人，点评了其中的 11 个案例，“德昌洋行”是其一。书中提到了“东亚公司主义”，即《东亚铭》。现将部分内容摘录下：

1. 主义

人无高尚之主义，即无生活之意义；

事无高尚之主义，即无存在之价值；

团体无高尚之主义，即无发展之能力；

国家无高尚之主义，即无强盛之道理。

2. 公司之主义

我们要实行以生产辅助社会之进步；

我们要使游资游才得到互助合作；

我们要实行劳资互惠；

我们要为一般平民谋求幸福。

3. 作事*

人若不作事，生之何益！

人若只作自私之事，生之何益！

人若不为大众作事，生之何益！

人若只为名利作事，生之何益！

若无事作，要我作什么？

若无艰难之事作，要我作什么？

若不服务社会，要我作什么？

若不效忠国家，要我作什么？

4. 为人

能作事者必不怨天尤人；

怨天尤人者必不能作事。

真人才必不谄上骄下；

---

* 作：通“做”

谄上骄下者必非真人才。

5. 人格

不忠于己者焉忠于人；

不忠于夫妇者焉忠于友；

不忠于亲族者焉忠于社会；

不忠于家者焉忠于国；

公而忘私者我们要师法；

先公后私者我们要征集；

先私后公者我们要规劝；

有私无公者我们要力戒。

6. 功绩

有功而不以为功者谓之真功；

有功而以为有功者谓之夸功；

无功而以为有功者谓之争功；

无功而谤他人之有功者谓之嫉功。

7. 尽责

事成而又不获罪于人者为理想之人才；

事成不得已而获罪于人者为有用之才；

事不成而仅图不获罪于人者为无用之才；

事不成而又获罪于人者为危险之人。

不待命令而自动工作者为中坚分子；

等待命令而即工作者为忠实分子；

接到命令而懒于工作者为无用分子；

有令不作反讥作者为是非分子。

8. 过失

从心无过圣贤也；

闻过则改君子也；

闻过不改庸人也；

闻过则怨小人也。

宋棐卿所处的时代距今快一百年了，但其公司文化理念与行为，并不逊于当代。东亚公司内部有民乐团、京剧团、歌舞团，把全厂职工分成36个运动队，包括篮球、足球、田径、网球、游泳等，规定每天定时训练45分钟。宋棐卿还在北京西山建立疗养院，聘请名医，员工患病可去此处疗养，每个员工一年有一个月假期，可以回家，也可以去此处疗养。

那时的资本家，那时的情怀。

5. 报销没有“一支笔”

“企业文化就是老板文化”！

这个说法很有争议。身在企业的人，大部分认同甚至异口同声。而在专业领域，专家们一般将其列为企业文化几大误区之一，常常排名第一。专家的道理讲得头头是道，似乎陷在自己的误区里绕不出来了。

一个企业的最高决策者，他的文化不是企业的文化，还有什么才算是企业文化？

认为“公司文化不是老板文化”的专家，你讲你的道理。但在现实中，“老板文化就是公司文化”是常识，这个文化现象涉及面很广，但较具有代表性的就是——“一支笔”，没有老板签字，财务不会支出一分钱。在老板的授权下，分管者可以签字生效，但事后必须要老板补签。

很多“管理鸡汤”说，老板的职责就是“找钱，找人，喝茶”，如果真这样的话，老板就是天底下最好的职业了。事实上，在各行各业，谁想当“甩手掌柜”，就意味着面临险境，一旦失察，就出问题。很多情况下，不是老板不授权，而是授权后可能被糊弄，所以中国式老板大都被逼成了无所不能的超人，像登山、做红烧肉那般洒脱的老板，简直就是老板中的“战斗机”，少啊。

“一支笔”是权力的代名词，以此衍生出专门服务于该群体的消费品，比如酒，就有“清样”“摘要”“内参”这样的老板级产品；比如烟，就有早在

20 世纪 40 年代就大名鼎鼎的“一枝笔”；如今使用钢笔日常书写的人已经极少了，但名牌钢笔依然算作奢侈品。

德胜洋楼绝对是一家管理文化很“奇葩”的公司，领导不签字就可以直接财务报销，没有“一支笔”。

关于德胜洋楼的内部管理规章制度出了书，2005 年至今再版 28 次，销量逾 50 万册。从出版角度看，是巨量印数，但假设按照 10 人 / 本的传阅率，读者不过 500 万人，在中国的影响力还是不够大。德胜洋楼是一家“小而美”的公司，尽管在“美式木制别墅”细分领域为执牛耳者，但这个行业尚属于小众，体量还不够大。尽管如此，德胜洋楼无疑是中国最具有标杆意义的公司，是中西方管理、文化的高效集成者。

在德胜洋楼，费用报销不需要领导签字，该公司认为，领导签字等于把责任转移给了领导，让领导担责不公平。任何人在报销前都必须认真聆听财务人员宣读《严肃提示——报销前的声明》：

您现在所报销的凭据必须真实及符合《财务报销规则》，否则将成为您欺诈、违规甚至违法的证据，必将受到严厉的惩罚并付出相应的代价，这个污点将伴随您一生。

如果因记忆模糊自己不能确认报销凭证的真实性，请再一次认真回忆并确认凭证无误，然后开始报销，这是极其严肃的问题。

德胜洋楼的财务报销充满了仪式感，每个前来报销的人都要听取财务人员的声明宣读。当然，“发誓”也不能杜绝弄虚作假，德胜还有“个人信用计算机辅助系统”作为制度保证，建立员工报销行为的大数据。

德胜洋楼是典型的“技术+价值观”双驱动型的公司，它的核心价值观是：“诚实，勤劳，有爱心，不走捷径。”这家“把农民工变成绅士”的公司，就是其老板聂胜哲一手打造而成的。

6. 好好“磨豆腐”

任正非与日本代表处员工座谈中，讲了一个“磨豆腐”的比喻：华为的成功很简单，没有什么复杂的道理，“我们就是正正经经地为客户服务，我们眼睛就是看到客户口袋里面的钱”“我们没有什么复杂的价值观，特别是小公司，不要这么多方法论，认认真真地把豆腐磨好就有人买”。

“夜里寻思千条路，早起还是卖豆腐”，三百六十行里做豆腐属于勤苦行，但凡有出路就不干这个。任正非用来自市井社会的磨豆腐打比方作比喻，简约而不简单。

公司文化早就是一门显学。

公司在竞争中胜出了，总结成功模式，公司文化位置显赫，反之则是文化不行；公司并购、重组成功，首推文化的整合力，反之则是文化不兼容所致；公司再造，搞好了是文化重塑得好，搞不好就是经年形成的文化改不了……总之，唯有文化生生不息。

我曾为多家企业搭建公司文化体系，但一直反对“小公司，大文化”，市场导入期及发展初期的公司重文化，是抓小放大，重心不应放在文化建设上。而发展期的公司，快速扩张，“人心散了，队伍不好带”，这时候文化建设就得跟上，这时候不重视就不行了。

在谈到中小公司的“大企业病”时，“文化病”是症状之一。

一些公司决策者需要的文化与价值观，初心在“洗脑”上，试图通过一套文化体系给员工“打鸡血”，最好是“马儿使劲跑，就是不吃草”，不待扬鞭自奋蹄。这样的“初心”，难得始终。将公司文化视同“洗脑术”者，为数尚不少。

一些老板求贤若渴，花高薪聘请职业经理人，“空降兵”要么被“本土派”“元老派”挤兑走，要么被老板炒掉，就是文化上不兼容。所以，我一直建议小公司不要聘大公司出来的职业经理人，大公司的职业经理人也不要选择小平台，门当户对是老理儿。

一些公司有自己的文化与价值观，表面文章相当吃功夫，到公司看完、听完让初识者赞叹不已，但实际上就是说一套、做一套，完全两张皮。所以，看到一些文化张扬得厉害的公司，应该细加观察，高喊“诚信”的有些却是真的赖皮。言行一致很重要。

一些人离开一个公司时，“个人发展”是第一理由，第二理由可能就是“不适应公司文化”。但是，公司文化还是给这些离职者以深深的烙印，自己是因为不适应那种文化而离开的，却在个人的公司文化里加以发扬光大了，明知道问题在哪里，却觉得“洗脑”管人好使，拿来便是。瞧瞧，这还是一种传染病。

“豆腐好吃磨难推”，好好磨豆腐，不要奸使诈，客户才掏腰包。一包豆腐渣，摆上一群西施来当“豆腐模”，也是中看不中用。

7. 怎能“笑着离开”

敦煌出土的唐朝“放妻协议”，即离婚协议书——“凡为夫妇之因，前世三生结缘，始配今生为夫妇。若结缘不合，比是怨家，故来相对……即以二心不同，难归一意，快会及诸亲，各还本道。愿妻娘子相离之后，重梳婵鬓，美妇峨眉，巧逞窈窕之姿，选聘高官之主。解怨释结，更莫相憎。一别两宽，各生欢喜。”

大唐盛世，人的境界高，“一别两宽，各生欢喜”，好合好散。与古人相比，中国式合伙是“梁山聚义”，散伙则往往“刀光剑影”，企业员工离职，与公司对簿公堂已很常见。各自维护自身利益，无可厚非，但从企业文化角度来看，检讨企业的 HR 及文化管理，很有必要。

大约在十年前，一位 HR 经理向我推荐了《笑着离开惠普》这本书，作者高建华先生曾任惠普中国首席知识官。HR 经理说，读过这本书，就知晓世界一流的跨国公司是如何进行 HR 管理了。令人感佩的是，离开惠普的人不但笑着离开了，离开之后的人还组织了一个“惠友会”，通过聚会分享各自的知识与心得，足见大公司在员工知识管理方面的功力之深。还有大公司设有“首席福利官”职位，满足员工对美好生活的向往是其职责。

与“哭着骂着”离开相比，“笑着离开”是衡量一个公司 HR 管理水平尤其是“离职员工”管理的一个重要指标。一般公司的 HR 管理，给员工办完离职手续就算完结了，而优秀公司仍将离职员工视为“人力资源”，保持各种形式的沟通，重大庆典活动请离职员工参加，给予遭遇生活变故者以援助，等等。每年都会有“最佳雇主年度评选”活动，离职员工管理也是考核指标之一。

惠普作为美国公司，公司文化当然是以美国文化为基础。在国内，将美国文化与中国文化完美融合的公司，德胜洋楼算一个。

德胜洋楼的《离职原则》说，一个好的公司对某些人来说如鱼得水，对另外一些人则如喝毒药，公司任何一位员工都有权利做出以下选择：①如果员工觉得公司的工作环境和要求不适合自己，可以愉快地辞职或者选择请长假，公司允许其请1—3年长假出去闯荡，并为其保留职位；②员工长假后想回公司，需先向公司递交书面申请，公司根据其是否完全认同公司的价值观、是否仍能胜任公司的工作及请长假后对公司造成伤害等表现，决定其可否回公司工作，并决定是否需要复训。经公司同意回来继续工作的，其回公司后的实际工龄将按以下原则计算：原工作工龄扣除请假时间。

德胜洋楼员工以农民工为主，通过公司的培训，在五星级酒店召开的公司年会，上千农民工的绅士气质让酒店管理者惊叹不已，彰显了优秀公司文化的力量。

转型升级，需要“技术”与“价值观”的双轮驱动。不忘初心，方得始终——后面还有两句：初心易得，始终难守。

8. 闲话“加班狗”

“我不在加班，就在去加班的路上……”

网上很多关于“加班狗”的段子，不同行业的“加班狗”晒晒自己的加班史，可谓“没有最心酸，只有更心酸”。

“加班狗”文化，在企业还是很盛行，很多企业家也推崇“加班文化”，如华为创业之初形成了“垫子文化”，就是华为员工在办公室要备一个垫子，加班晚了，铺开垫子就地休息，这也是华为企业价值观里面“坚持长期艰苦奋斗”的具体化、仪式化，任正非在华为发达之后仍强调不能丢掉“垫子文化”。

中国的企业家群体，也被称为“丧家式生存群体”，只有企业没有家，“工作狂”是其熠熠生辉的荣耀标签，“5+2”“白 + 黑”“24 小时在线”，就一个字：忙。“工作狂”老板带领的团队，成为“加班狗”那就是应有之意了，而很多老板把会议安排在下班以后，时间久了，也就形成一种特殊的企业文化。

“加班文化”在企业运营中到底有哪些推动力抑或反作用力，是个见仁见智的问题，只要是成功了，自有其可以推演贯通的逻辑。中国的老板往往对员工的“磨洋工”愤懑不满，常常举例什么日本人、德国人、美国人等，上班期间满负荷工作，到了下班的点坚决不多干一分钟。老板受伤的内心也需要补偿：加班吧，不加班不足以抵掉愤懑。

日本企业的“加班文化”闻名于世，据数据显示，该国每年因加班过度导致的“过劳死”达万例之多。我有一校友，毕业后第一次见面，那时也就三十岁左右，居然早生华发，颇感沧桑。席间，校友道出原委，原来他毕业后进了一间在华日本独资企业，把头发染成了花白，这样才能显示因为工作敬业、全身心投入而白了头，否则就会被视为不努力工作。日企就这种文化，必须随行就市。

我曾参加一个日本公司在中国教育部设立的人才培养项目，对日本公司的讲师印象深刻：讲座完成的讲师，会全程听完其他讲师的课程，不能缺席或单独活动，还必须是穿正装；讲师的头发都是黑白相间，其实也就四十岁，不过一毕业就进这家公司工作近二十年，一般会终生服务公司，比中国的国企还国企。

日本二战战败后成长起来的企业家，像优衣库的柳井正、无印良品的松井忠三，都是奉行艰苦奋斗企业文化的实践者，尤其是柳井正，对于日本新生代丢掉奋斗精神而耿耿于怀，称其为“无力的一代”。倒是松井忠三的管理文化有些意思，无印良品作为一个知名企业，他推行“零加班”文化。

松井忠三深知实现“零加班”并非易事，从每周一天“无加班日”，到每周两天，再到完全实现“零加班”，大概用了两年时间，既不允许员工在公司加班，也不允许回家加班。“零加班”的实现，最终靠一套完善的管理制度来保障，比如工作事项在规定时间内完成，下班前不允许管理者下达新的工作指令。松井忠三希望公司员工下班后，或回家与家人吃饭，或与朋友推杯换盏喝喝酒，或到夜校去学习……八小时之外，尽情享受生活。

除了紧急突发任务、工作量超常规负荷，还是不要把员工变成“加班狗”为好，否则就应该检讨加班的原因，要么是管理者思想畸形，老板带头做“丧家的老板”；要么是员工不能胜任本职工作，只能沦为“丧家的加班狗”。

9. 鲁西牛精神

沃野千里的鲁西平原，中国名牛“鲁西牛”从远古农耕时代走到了现代。不仅如此，孔子门下以德行著称的“七十二贤”之一，鲁国人冉伯牛，早在宋代就被民间奉为“牛神”加以祭拜了。

在全世界，牛是极为重要的“文化符号”，农耕时代更是先民崇拜的图腾。现代社会，人们同样将牛的塑像安放在证券交易所门前，作为“牛市”的象征借以表达美好祝愿。

鲁西牛是中国牛的代表，人们之所以爱牛、敬牛、拜牛，是牛的精神里蕴含的文化财富生生不息。

勤劳精神。劳动是财富之父，不要指望天上掉馅饼。人们都向往美好的生活，那就需要勤劳敬业，不待扬鞭自奋蹄，撸起袖子加油干。

踏实精神。牛脚踏实地，一步一个脚印，务实前行，创造出惊人的劳动成果。踏实，务实，是走向成功的第一步。凡事没有捷径，最快的捷径就是脚踏实地。

执着精神。面对问题与困难，勇于面对，勇于担当，像牛一样坚韧，直至解决问题，永不退却。

牛犊精神。“不怕起点低，只怕志不高”，初生牛犊不怕虎，做事要有牛劲，要牛气冲天，勇于创新，敢于挑战，要做“牛人”。

根植于鲁西大地、孔孟故里的民生煤化，秉承“鲁西牛精神”，创造出了“特级红旗高炉”“江北焦化一枝花”等历史荣耀，而今再创辉煌，努力做现代煤化行业的“执牛耳者”。

第五章　赏味

欣赏，品味，思考，
专业的修行在平常。

1. 肯尼亚记

人・路・车

经过十多小时的飞行，天色微明，透过飞机舷窗我看到了耸入云端的肯尼亚山，内罗毕快到了。

看过一部中国制作的纪录片《魅力肯尼亚》，当真被那魅力所倾倒。当我走出内罗毕机场，踏上真实的肯尼亚，瞬间感觉落差太大了：落后。

从济南夏天的“烧烤”模式中熬过来，内罗毕的十五六度的温度简直清凉极了。但是，赤道线上的肯尼亚人，正在过他们的冬天，有人戴着毛线帽子，有人穿着毛衣，还有穿羽绒服的！当然，也有一些穿短袖的。十五六度的气温就是冬天了，看来黑人兄弟怕冷不怕热。看海明威的《乞力马扎罗的雪》时就曾想，赤道上还有雪山，不好想象呢。

在肯尼亚，物质条件很差，但人们生活得很开心。

当地人见到中国人，有一些会用中文“你好”打招呼。所到之处，穿校服的小学生特别可爱，眼睛非常明亮。这个国家的通电率在 30% 左右，但很重视教育，像马赛马拉草原那样偏远的地方，几十公里才有零星的村落，都建有学校。公务员月薪合人民币一千多点，但一个大学教授的工资则有二三万元甚至五万多。这里的人们，物质上还很匮乏，但很开朗，简陋的建筑物装饰得色彩艳丽，车体上是各种各样的“涂鸦秀”，车内一定有音量很大的音乐在播放，有些人会随着音乐摆动，情不自禁。

在肯尼亚，“行路难”。

从首都内罗毕到马赛马拉草原，行程要八九个小时，其中有近三个小时的路程是沙土路，几乎不能行车。中国经验，“要致富，先修路”，马赛马拉草原是动物世界的天堂，把路修好，吸引更多的游客，岂不加速改变贫困面貌？肯尼亚人自有其道理，政府禁止修路。因为进入马赛马拉的路几乎不可行，使游客望而却步，等于是控制流量，以便更好地保护这个动物的天堂，遏制动物种群与数量减少的趋势。从这个角度来看，人家这才叫人与自然和谐相处呢。

从内罗毕到肯尼亚第二大城市蒙巴萨，四百八十公里，大巴车运行时间长达十小时，也是各种颠簸。由中国建设的“蒙内铁路”即将运行，沿途看到车站都已建成，届时两城市之间只需四个小时即可到达。蒙巴萨是东非的重要港口，郑和下西洋时曾来过这里，三保爷的航海地图上标注为“慢八撒”，是个海滨度假的好去处。由于行路难，享受海滨度假的乐趣之前，需要经历“慢”的煎熬。

在肯尼亚，“神车”处处有。

很难想象，几乎不能行车的路上，飞驰着一辆辆载着游客的观光小巴，到了草原，打开车顶上的盖子，游客脑袋伸出车顶，观赏各种动物，“咔嚓咔嚓”按相机快门。每日往返于内罗毕与马赛马拉草原之间，除了高档一点的越野观光车，大部分“神车”是二手车，且以“丰田”为主。这些二手车，不能跑长途之后，变身为当地叫作“马塔图”的短线公交车，具有超强的超载能力。在肯尼亚，视线所及，几乎都是丰田车，真的是“车到山前必有路，有路必有丰田车”。在这里，其广告语是“你前面永远是丰田车”。还别不服气，进入非洲市场的汽车品牌，无不视日本的二手车为主要竞争对手，都二手了，还能在极端路况下猛跑。当然，“神车”性能超强，但软肋是容易爆胎，我们在去马赛马拉的路上，就爆了两次。

内罗毕作为首都，也有堵车的大城市病。但在这里，没有鸣笛声。

2. 马赛马拉的朝觐

这哪里是Safari（游猎），算什么观兽旅行，分明是来自世界各地的人们对马赛马拉这个动物天堂的朝觐。

马赛马拉野生动物自然保护区（国家公园），方圆1800平方公里。以马拉河为界，对面是坦桑尼亚的塞伦盖提国家公园，野生动物大迁徙就在这两个公园之间进行。每年7月到10月，马赛马拉的雨季孕育出青绿的草地，100多万只角马（非洲牛羚）冒着被鳄鱼吞噬的危险踏河而来，并在草原枯黄后强渡回到坦桑尼亚的领地。

到肯尼亚进行“观兽之旅”的游客络绎不绝，有高鼻深目、金发碧眼者，有皮肤棕色、发卷须壮者，黑头发、黑眼睛、黄皮肤者亦不少，黑人主要是导游兼司机。在马赛马拉草原，来自世界各地不同肤色的人们，为了一个共同的目的，走到一起来了。

这个目的，就是观赏马赛马拉这个最后的野生动物世界的天堂。在我看来，在这个天堂里，人是朝觐者，是来被野生动物围观的。

不是吗？

世界各地的人们，不远万里，来到肯尼亚，从其首都内罗毕乘车，要走四个多小时的柏油“搓板路”——减速带密布。然后，在沙土路上颠簸三个多小时——“麻子脸”一样的路，全是坑。有些路段，沟壑纵横，则甚至不能称其为“路”，坐在车上心里直打鼓，怀疑能否通行。这样的路，不晕车者也被颠个七荤八素！就这样，从内罗毕到马赛马拉，需要颠簸一天时间，到达寂寥独立于荒野山间的酒店时，人都散架了，晚间仅六点到十点供电，沉睡中醒来，鸟兽骇人的叫声时近时远……想想看，不是怀着一颗朝觐的心，如何跨过这万里之遥、抵达这难于上青天的地方？

进入马赛马拉野生动物自然保护区，有车辙的便是路，并无规划，杂乱无序，怎么走、去哪里，全凭导游（兼司机）个人行为。不过，导游很敬业，不断用对讲机与其他导游通话，哪里发现狮子、豹子、大象之类的动物了，立马奔驰而去，尽可能让游客多看。此刻，车上的人们，站立起来，把头探出车顶，兴奋、焦急地四处张望，寻觅野生动物的影踪。一旦导游将车子停住，大家便端起手里的家伙准备拍照、录像，一个个屏神静气，不敢出声，谁不小心弄出点动静来，会被他人低声呵斥或者换来鄙夷的眼神……想想看，不是怀着一颗朝觐之心，如何有如此郑重的仪式感？

9 月初的马赛马拉草原，大规模的野生动物迁徙已经过去，马拉河对岸的坦桑尼亚保护区内，角马群连绵不绝。沿着马拉河，我们看到了晒太阳的河马群，到河边饮水的斑马群，试图过河却一直犹疑不决的小型角马群，被过河的角马群抵死的鳄鱼的浮尸以及偷袭斑马群的鳄鱼……不能亲见动物大迁徙，确为遗憾。于是，导游在马拉河边转来转去，凭经验停留在可能有动物过河的隘口，等待奇迹的出现。草原上，没有遮阴的所在，饮用水供应有限，在车上吃面包，还要忍住内急，保护区内不许下车。所幸，三个多小时的守候，终于看到四只角马成功渡河，迟来一步的鳄鱼扑了个空，大家便欢呼起来：深感不虚此行……想想看，如果不是怀着一颗朝觐之心，人们如何能如此坚忍？

马赛马拉的草原落日，绚烂壮丽，当这一景观呈现时，也该离开了。马赛马拉有五大“神兽”——狮子、豹子、大象、水牛、犀牛，此行唯有犀牛没有“接见”我们，稍有遗憾。其他所见，如角马、斑马、长颈鹿、羚羊、野猪、狼、狒狒、鳄鱼、河马、鸟等则不计其数。

在马赛马拉，与其说是人来观兽，不如说是兽在观人。这里的野生动物，面对“囚车”里的各色人等的朝觐，波澜不惊，视而不见。当人们战战兢兢隔着三五米观察睡觉的狮子、豹子时，汽车声和照相机的“咔嚓”声偶尔惊起它们的睡意，不过抬一下头，犹自睡去。毕竟，这是全世界最见多识广的野生动物，见人不惊了。在这个野生动物的天堂，它们是高高在上的统治者，任性而傲慢。

在大自然面前，人是渺小的。

3. 马赛人的 SHOW

在马赛马拉草原，星散居住于野生动物保护区周边的马赛人村落，是一道奇异的风景。

黄昏时分，我们来到一个马赛人的村子。

进马赛村要收费，村长负责讨价还价。隔着车窗，砍了半天价，终于成交。于是，村长一招呼，一群服装艳丽的马赛男人聚拢到村口的空地上，开始他们的“欢迎仪式”。

马赛人是游牧民族，大都保留着父系部落制，一夫多妻。很多马赛人拒绝政府的定居政策，以草原、动物为伴，放牧牛、羊，基本保留着部落的原始状态；也有少部分马赛人转为半农半牧，住房也使用一些现代建筑材料，但仍然极其简陋，类似于中国民工租住的货柜屋；还有极少部分马赛人接受教育后进入城市谋生，极个别马赛族大学生甚至选择了回马赛部落“支教”，试图推进族群的现代化。

外国人来马赛马拉，一定要探访一下马赛村，体味一下原始风情。于是，马赛人用原始与现代进行了一次链接，开始一场程序固定的国际 SHOW。因此，从这个意义上来讲，马赛人其实从原始部落一下跨越到全球化。

这场 SHOW 的第一幕，是村口开阔地上马赛人的欢迎仪式，展示的其实就是马赛人如何与野生动物相处的场景，其中一个人头戴羽冠扮演雄狮，其他人则歌唱、蹦高。马赛男人随身携带一根短木棍，用来放牛、驱赶野生动物，与腰间的短刀是标准配置。一个马赛小伙举着自己手中的棍子，做了一个动作，用中文讲“功夫”，又做了一个动作，用中文说“孙悟空”，这大大出乎我的意料。还有一个马赛小伙，一本正经地用英语说他去过北京，有个中国女朋友，他离开中国，女朋友很伤心——旁边有人戳穿他：吹牛！这是用中文。这些马赛人，其实很国际化。

第二幕，是进村后，马赛人唱赞美诗。一个人拿着经书领唱，其他人跟着唱，主要是女人和儿童。这个圆形的村落，周围的房屋很低矮，也就一人高，外墙上涂满牛粪；门极窄，一人低头缩身方能进，据说这样便于刺杀贸然进入的人或动物；小屋上有些拳头大的孔，就是从里面看外面的窗，从外面则看不见里面；屋里面虽然狭小，却有功能分区，重要的一个分区是牛犊子住的，牛是马赛人最重要的财富，最亲密的伙伴，十头牛就能换一个老婆。村子中央是铺满牛粪的广场，是放牧归来的牛群的领地。

第三幕，是马赛女人的欢迎仪式。村长招呼来几个马赛女人，站在广场中央唱歌。虽然不明白她们在唱什么，但看起来很敷衍，不是太用心。马赛女人的耳朵很特别，从小打耳洞，逐渐增加饰物的重量，结果耳朵越来越长，耳洞越来越大，占据耳朵的一半以上，有一些真的是大耳垂肩了。马赛男人也有这样的，据说男人有耳洞，属于“技工”，比如铁匠、裁缝、医生什么的。顺便说一句，马赛人大部分在生下来就敲掉门牙的两个下齿，是为了生病时灌药方便。现在，一些马赛人摒弃了这一习俗。

第三幕，是“钻木取火”。生火的木板是软木，一块平板，上有半圆形小缺口；当作钻的是硬木，一截木棍。将钻紧贴平板木上的半圆缺口，两手开始发力钻木。村长先来钻木，力竭后，一个壮硕的马赛小伙接着钻，淡淡的烟开始飘起。一位老者，准备好夹着干牛粪的一团干草，将钻木钻下来的冒烟的木屑洒在牛粪上，用嘴吹气送风，大约两分钟，火生起来了。

第四幕，则是“推销”了。村长领着客人往外走，与村落相连的后院，是一个马赛人推销工艺品的“市场”，极其简陋的摊位。这些工艺品，大都粗粝不堪，乏善可陈，难以激发游客的购买意愿。村长是个推销高手，并不搞“强制购物”，只是不停地请求这些老外“帮助一下马赛村的孩子”。喔，那些马赛人的孩子，用现代人的眼光来看，确实是需要帮助。于是，村长的推销话术戳中了国际友人内心柔软的部分，大家纷纷慷慨解囊，等于是捐助那些马赛儿童了。

第五幕，是“生喝牛血”。牛是马赛人的圣物，是神赐予他们的。游牧一族，不事稼穑，靠牛乳和牛血生活。马赛人渴了，会用刀扎牛的血管，然后用草管吮吸牛血，并相信这样会增强力量。所以，马赛人的牛，身上都有很多刀痕，那是喝牛血后留下的。这个，稍有不适啊。

这是仅一个马赛人村落的 SHOW，其他马赛人村落是不是这样，就不得而知了。

4. 迪亚尼海滩假日

从肯尼亚首都内罗毕到第二大城市蒙巴萨，接近五百公里，乘坐大巴车需要颠簸十个多小时。

如此漫长旅程，中途要在服务站停留至少三次，以便乘客小憩。那些所谓的服务站，和国内的根本不是一个概念，就是一座外形寒酸的平房，停车场就是一块铺着石子的空地，甚是逼仄。看起来寒酸的服务站，主要功能是售卖包装食品饮料，也有快餐盒热咖啡，再就是有公厕。

在肯尼亚，简陋是主旋律，但我发现，此类公众场所，室外地面一般没有硬化过，进入室内则瓷砖铺地比较整洁，尤其是WC的干净程度，更让人感觉到与简陋的对比是如此强烈。再就是，到处是可口可乐的广告和其定制的塑料桌椅，真的是无处不在。

蒙巴萨是一个港口城市，也是东非地区重要的深水港。大明朝的郑和下西洋，就曾来过这里，《郑和航海图》标注此地为“慢八撒”。据说，此地有中国人后裔，蒙巴萨老城还有中国钱庄的历史遗存。

到达蒙巴萨，已是华灯初上，然而并不停留，预约的车子拉着我们去此行的目的地迪亚尼，还需接近两小时的车程。在车上，不甚明亮的蒙巴萨城市夜景，也就过眼云烟一般匆匆过去了。

出市区，坐轮渡，再穿过岛上的人流密集的街市，终于到达珊瑚海滩度假酒店，离海岸几十米，印度洋的海风习习吹来，涛声阵阵，一天的疲惫在此消融。

迪亚尼海滩有个有名的洞穴餐厅，叫阿里巴伯斯。为了一睹其芳容，专门打了“三蹦子”出租车来这里。岛上的出租车，都是三轮摩托，即“三蹦子”，后边改造为客舱，能坐两人。

据说，这个洞穴经过50万年的珊瑚灰岩累积、海浪长期侵蚀而成，在这岛上就显得格外珍稀了。

走进酒店门，是一个雕塑，壶型，没能问清楚出处。正面墙上，悬挂总统像，当地规定，公众场所需挂总统像。沿着曲折的台阶往下走，吧台是一个有穹顶的洞窟，再往前，豁然开朗，就是餐厅的核心区，抬头见天。毕竟是洞穴，白天也是亮着壁灯的。

这是一间西餐厅，受洞穴面积的限制，桌位不多，目测能容纳三十来人就餐，好袖珍的感觉。因为其独特性，来迪亚尼，不到阿里巴伯斯来，就是遗憾了。

迪亚尼海滩，是全球最美的海滩之一，约二十五公里，白色沙滩，海水纯净，是一个观赏珊瑚礁的潜水胜地。沿海滩的度假酒店里，住着来自世界各地的游客。

上午，租一条小小的独木舟，在海边悠悠荡荡，其实也就不到两米的水深，再往里，独木舟就经不住浪打了。时值当地的冬季，温度二十度左右，吹着海风晒太阳，整个人都懒洋洋的。

下了独木舟，沿着海边往酒店走，浅水处，海胆星罗棋布，间或有艳丽的海星，还有中国人喜欢的海参。租船的黑人小伙眼力好，不一会儿就见了好几条海参，放到我们的塑料袋里。回到酒店，把海参扔在塑料桶里，过段时间，海参将内脏吐出，瘪成了一层皮，这就是传说中的“保身术”吧。

酒店不提供餐饮，厨房设备齐全，自己动手开火做饭。慵懒的午餐后，躺在椅子上发呆，看着房前的花草树木，以及花草那边的游泳池，游泳池那边的海滩……一会儿，一群猴子来了，蹲在路边的石头上，四处张望，稍有动静，便敏捷跃起，倏忽不见；一只猫，到处嗅着，显然是要找东西吃；虽是冬季，有的还是一树繁花……看着看着就睡着了，无梦。

黄昏时分，是沙滩上最热闹的时刻，大量的本地人来沙滩散步，夹杂着少量的外国旅客。这时，沙滩演唱会开始了，沙滩咖啡馆几乎满座，黑人杂耍艺人在卖艺，有人在兜售工艺品，沙滩上漫步的人们，都热衷于用手机拍照，看来，爱拍照是人的共性啊……夜幕降临，人渐稀少，这时可以找一家安静的沙滩西餐厅，享用晚餐了。

晚上八点多钟，该去照螃蟹了。已经退潮，海滩上的坑坑洼洼里有螃蟹。不过，这些螃蟹警惕性很高，在洞门口，一旦觉得有危险，立马钻洞。饶是如此，不到一小时，也抓个五六斤，宵夜够了。当地人不吃海物，也不支持外国人吃那些玩意，好在是夜静无人，念声“阿弥陀佛”，就过去了。

在迪亚尼海滩，吹吹印度洋的风，晒晒太阳，踩踩细白的沙滩，发发呆，时间就溜走了。

5. 肯雅塔大学一瞥

肯雅塔（Kenyatta）大学，距离肯尼亚首都内罗毕有二十公里，是全国排名第二的大学，有8个校区。

虽然是肯尼亚一流的公立大学，但在校园里转一圈，很自然地，就将中国的大学作为了这里的参照系：硬件设施的差距太大了。

校园里没有高楼大厦，美国总统奥巴马演讲的礼堂也不过四层，大部分是平房，有一些是原来驻军的营房，连学校的国际会议中心也是平房。

运动场是一块大草地，没有塑胶跑道，也没有规范的跑道，跑道就是运动者们踩出来的印痕，跑的人多了，就成了跑道。肯尼亚人能跑，中国内地的各种马拉松赛事，为他们提供了谋生之道。

教室比较狭小，没有专门的课桌，座椅带小桌板，就是供学生做笔记用的。老师的讲台，有些地方白漆掉皮，显得斑驳。没有电动黑板，还是很老式的那种。

校内有一个小广场，算是学生活动中心，学生自己搞的各种演出、活动在此举行，有一排小商店，售卖饮料、简单的食物，以及理发店、杂货铺什么的。学生领袖都通过竞选产生，也有金主赞助，竞选海报张贴在很多地方。

大学生是一个消费能力很强的群体，学校周边，会形成商业街服务于他们。肯雅塔大学后门出去，就是热闹的商业街了。这条街上，什么生意都有，但是污水横流，泥巴路坑坑洼洼，摩托车呼啸来去，羊在路上大摇大摆漫步。沿街的房子尽管很简陋，但还是装饰得色彩艳丽，放着节奏感很强的音乐，而且，与门外糟糕的路况相比，店里的地面都硬化或铺瓷砖，比较整洁——在肯尼亚，所到之处，均有相同观感，很爱干净。这条街上有很多房子出租给肯雅塔大学的学生住，能租住单间，则说明家境殷实、经济条件较好。

从物质条件来看，这里和中国最普通的大学都难以比肩。然而，“所谓大学者，非谓有大楼之谓也，有大师之谓也”。肯尼亚国力差，但很重视教育，教师的地位很高，属于整个社会的上流阶层，收入高，社会地位高，受人尊敬。教授有学校配给的住房，并配有保安、服务人员。当地一个教授的工资约合人民币二三万元，而一个公务员的月薪不过一千多元。

时下的中国，有个针对中小学生的生意算得上火爆，就是“游学班”，目的地都是美国、加拿大、澳大利亚等发达国家。我觉得，这个行当如果开辟“非洲游学班”，将会在市场竞争中脱颖而出。

6. 重庆访古记

重庆，铜梁，安居古城

到安居，才知道这是“中国第四古城”。孤陋寡闻，在此之前，连中国古城三甲也不清楚，到底是谁，什么机构评定，如何排序。无论如何，说明这离重庆主城区百公里、铜梁城区二十公里的安居，是个历史悠久的古城。

安居古城，有千年历史，隋唐时期就建立县治，是一个依山傍水的古县城。以今天的眼光来看，方圆 3.5 平方公里，也就是一个镇的建制。

安居古城经过了保护性开发，风貌依旧，古韵犹存，这是因为古城的底色在。与“拆掉真文物，再建假古董”——生造古迹的了无生趣相比，安居古城千年在此，只不过因时代变迁装扮不同而已，上千年的底蕴，让其温婉如故。

安居古城的整体风貌，没有因为战乱或政治运动遭到重大破坏。

湖广会馆还在，火神庙还在，天后宫还在，城隍庙还在，千年古刹还在，木质结构的大戏台还在……只不过，火神庙里的墙上还有依稀可辨的毛主席语录，大戏台虽然没有拆除或者焚毁，但那些精美绝伦的木雕却被“破四旧”破掉了，让我们今天难以想象那些才子佳人戏的场景，更难以想象那些木刻到底是些什么不见容于权威者的题材。

我在想，为什么安居古城能够较好地保存了历史风貌？原因大概是，千年以前，古人在这里，在崇山峻岭、江流交汇之处，找到了这么一块风水宝地建城，尽管王朝更替，却不过是“城头变幻大王旗”而已。之前最大的变动，也仅是把戏台的木雕凿去，意思意思，把古城拆了破了，就彻底无产了。“无恒产者无恒心”，大概当时的安居人，想我们是世代安居于此的，运动必将风流云散，毁掉千年恒产，就无可依归了，做做样子，把老本留下，安居才能乐业，居无所，则无可托，这大概是时人变通的智慧。所以，在这里，今天的年轻人还可以以戏台为背景，拍摄戏装艺术照，外地人则可在此发怀古之幽思。

古城古矣，却脱不去时代的印记。抗战时期，安居古城曾是黄埔军校分校驻训所在地，有近七千豪杰从这里奔赴抗日前线，共赴国难。如今，军校只剩下空旷的场地和摇摇欲坠的两间房舍，依稀诉说着当年的壮怀激烈。这里因为山高水远，也曾经是刘伯承元帅秘密养伤的所在地，一个门面房里，凿出的一个窄洞，一代军神就蛰伏在这里，待时而冲天。古城的樊记面馆，邱少云曾在这面馆当过跑堂伙计，参军后在朝鲜战场上成为惊天地、泣鬼神的英雄。

“何日君再来，一个让你记得住乡愁的地方”——这是安居古城的宣传口号。记得住乡愁，应该指是依旧安居在古街上的人们，对于游人，可能由此引发自己的乡愁。

不管是谁的乡愁，因为血脉还在，尚可怀想。

每个人心里，都有自己安居的梦想。

重庆，合川，文峰古镇

合川，公元556年定名合州，最有名的是宋军抗击蒙军的“钓鱼城守卫战”，位于嘉陵江、涪江交汇合二为一之处。江边有清代嘉庆年间建成的“文峰塔”，塔身灰白相间，高62.2米，又称“文昌塔”，祈求此地文运昌盛，此外，矗立于两江交汇水口处有“宝塔镇河妖”的寓意。古镇滨江，因有标志性的文峰塔，故镇子就叫“文峰镇”，曾入选“重庆十大最美古镇”。

与合川著名的涞滩古镇相比，文峰古镇在市区核心位置，虽有古意，走的却是都市文化休闲的路子，面子上是复古，里子却是时尚。

江景是不容错过的，午餐也选在了临江的馆子，一桌子菜肴上来，俱是红油、红辣椒、麻椒的主角，令我这北方人嘴巴麻辣得“吸溜吸溜”，却是越麻辣越想举箸。无酒不成席，点瓶啤酒纾解一下麻辣。这啤酒的瓶盖倒是有点意思，是易拉盖，手指伸入拉环，往上一提，但听得“嘭”一声，即开。拉瓶盖的“嘭嘭”声，很是有点豪气，于是连开了几瓶。于是便想，啤酒行业若是普及这种瓶盖，销量应该会提升一大截。

慵懒的午餐后，在街上慢慢闲逛，无非是吃、喝、游、娱、购，游人熙熙攘攘，门店生意兴隆，古镇是流金之地。那些店铺蛮有意思，像什么“鹅掌门”，应该是以烹饪鹅肉为主题的馆子；各种各样的“三活兔”“三活鱼”之类的，也是直接点题；居然还有“鲁西黄牛馆”，看来鲁西黄牛还是知名品种，上等食材。一直不解“三活”是什么意思，询问后得知，就是“活兔、活鸡、活鱼”现杀即烹，取得是食材鲜活，佐以麻、辣、酸爽的泡菜，美味即成。

信步出文峰街，有“自助求签”“自助祈福”两个招牌，颇为引人注目。第一次见到“自助式”的玩法，大感兴趣，驻足观看“自助”规则，不禁哑然失笑。这样的游戏规则，抢了传统祈福经营者的饭碗，算是搅局者。规则设计透露着精明的心思，“自助求签一元起，十元止”，多了不要，且对求签流程做了详细规定，同样充满“仪式感”，不按规则来“后果难料”，这“恐吓营销”很到位，规则还明示“残障者免费”，又流露着满满的公益心——不过，这个规则中出现了别字，稍微有些遗憾。“自助祈福”呢，规则略有不同，“一元起，不截止”，投钱后拴个红布条作为祈福的载体，“每日祈福，全家幸福；不投钱者，祸福难料”，也够恐怖的。从密密麻麻的红布条来看，生意蛮好。

文峰古镇，古色古香的街巷，跳跃着一颗颗躁动的心。

抬脚就出了文峰街。

重庆，合川，涞滩古镇

涞滩古镇，兴建于宋代，是中国首批历史文化名镇，中国十大古镇之一。像不知道安居古城是“中国第四古城”一样，也不知道中国十大古镇有哪十大，排名几何。

泊车步行约一公里，来到古镇入口，即是一个保存完好的“瓮城”。瓮城，是古代城市的主要防御设施，可加强城堡或关隘的防守，是攻城的第一关，故瓮城非常坚固。涞滩瓮城呈半圆形，长约 40 米，半径约为 30 米，设有八道城门，易守难攻，是一个保存完好的古代军事防御建筑。此瓮城，曰“众志成城”。

穿过瓮城，进入古镇，青石街道两旁是明清风格房屋，皆作商用，招牌古朴，旗幌招展，餐馆、小吃铺、特产店、客栈等沿街铺排，让人有时空穿越之感，像古人一样走在街巷之中。

涞滩镇的古街上，最盛名的当属各种吃食，各种黑乎乎、油乎乎的腊味挂在食肆档口，腊肉、腊鸡、腊鸭、腊兔、风干野味，招招摇摇，吊人胃口。各种糕点、红油豆瓣、萝卜干、米酒之类，香气袭人，不由人不闻香驻足，不买也要打问一番。

走过这充满人间烟火味的古街，就是一番净土了：二佛寺。

二佛寺始建于唐，兴盛于宋，重建于清，规模相当宏伟。宏伟的古寺在中国不少，但二佛寺令人叹为观止之处，在于自然天成。山门由两块巨石筑成，柱、枋、檩子则完全以自然山岩的走势和岩体的布局，参差错落建筑在起伏的山岩上。大雄宝殿的四根石柱，高14米，约0.5米见方，整石凿成，至于巨石何来，古人又是如何将如此巨柱安装起来，则是未解之谜。

据寺内明正德十三年碑记“全蜀大佛有三，而宕洣滩镇鹫峰盖其二佛也”而得名。二佛释迦牟尼佛造像高12.5米，与其他佛像一道，皆是摩崖造像，鬼斧神工。遗憾的是，很多佛像成了“无头佛”。据说，释迦牟尼佛难以撼动，一个叫“莽娃”的混蛋要用炸药炸掉，在凿炮眼时摔下来，随即一命呜呼。由此，混蛋们惧怕佛祖显灵，不敢再进行破坏。

寺外街上，少不了有卦摊为礼佛的善男信女排解心结。有意思的是，卦摊也是正规摊位经营，桌上的桌签上写着“心理咨询”。

逛逛悠悠，又回到瓮城，出了寨门。古镇小寨门旁，有一株古榕树，缠绕着一块状如蟾蜍的巨石，这也是古镇的一个著名景观，名曰“金钱缠身”。

祝福吧，祝福生活在古镇与来古镇的游人好运缠身。

重庆，大足，石刻天惊

匆忙赶到大足石刻最精华的所在——宝顶山，已经是下午，离景区关门还有三个多小时。

大足石刻是世界文化遗产，有五处摩崖造像群组成。短短二三小时，仅仅能礼拜宝顶山造像群，除了努力用眼睛去向那些旷世杰作深深致礼、致敬之外，一路竟是沉默无语：找不到恰当的词语来描述眼前的景象。

大足石刻天下闻名，世界之瑰宝，我愚钝的笔墨难以描摹石刻之美，索性不记了。要记述的，是在宝顶山摩崖石刻区的心灵震撼之旅。

谁建造了大足石刻摩崖造像群？

造像群建成，用了四百多年的时间。在这个漫长的过程中，除了寥寥无几的历史记录，是密宗大师赵智凤设计与开建宝顶山造像，凡七十余年。我们今天已经无法知晓，赵智凤之后，又有什么人接力进行建造，是谁创造了这个奇迹，为后人留下宝贵的文化遗产。这些建造者，有多大的团队？他们是如何分工协作的？他们在几乎与世隔绝的深山里是如何生活的？实在想象不出，古代石刻艺术家们如何创作出了这些旷世杰作。

是什么信念让建设者持之以恒？

历经四百余年，王朝更替，世事变迁，我们更不能揣度古人是以什么样的信念来做这项工程。与世隔绝的深山里，以钎为笔，在峭壁上刻画出生动的佛像、故事，想必是极为繁重的苦力劳动，想必是过着物质极为匮乏的日子。他们是以写历史的心情来摩崖造像的吗？好像不是，历史没有留下他们的痕迹。是政治任务吗？好像也不是，乱世并未阻碍建设的进程。那么，可能的解释，就是这些建设者们，是虔诚的佛教徒，怀着世间最大的敬意将造像作为毕生的修行。毕竟，摩崖造像耗资、耗时、耗力、耗心，却并不能促进生产力的发展。这似乎是古人的精神文化需求，通过造像与心中的另一个世界进行对话。

是什么让古代工匠鬼斧神工？

自然界的鬼斧神工，靠的是自然界的不可抗力的神威。大足石刻的鬼斧神工，靠的是古代匠人的智慧。在宝顶山，尚有未完成的“半拉子工程”，不知当时是何变故，让匠人们停止了雕琢，只是留下了一些轮廓。当下中国，“工匠精神”是最热门的词汇之一，可是，只有站在这里，才透彻理解匠人以及匠人的精神。只有站在这里，才唤醒人的羞愧之心，与心手合一的古代匠人相比，即使手握现代化的工具与技术，或许也没人能完成大足石刻那样的作品。虔敬的匠心，坚如磐石的精神，超乎想象的智慧，苦力的修行，古人的“工匠精神”像其石刻作品一样伟大、不朽。

大足，石刻惊天。震撼心灵，夫复何言。

7. 越南记

夜航

丽星邮轮宝瓶星号从三亚起航。

一旦驶入茫茫大海，壮观的宝瓶星号便孤寂得微不足道了。演出，美食，赌场，我对这些玩意似乎也提不起兴致，倒是凭栏临风，静默观海，任思绪飞扬，更有些意思。

当第一缕晨曦透进船舱玻璃的房间，我便麻溜起来，奔向邮轮顶层，去期待与海上日出的相见。接近深夜，独自在船舷边张望，巨大的渺小感压得人喘不过气来。大海在暗夜中愈加神秘，深不可测，只见游轮夜航溅起的浪花是白色的。我默默地想，有一个案子，远洋船员杀了几十个船员，然后抛尸大海，彻底人间蒸发了。还有，电影《非诚勿扰》里，孙红雷饰演的那个人物，微笑着滑动轮椅，蹈海而亡，静静地消失了。再后来，有个案子，夫妻俩邮轮出游，妻子不见了，不知是自己跳海，还是被丈夫推到海里了，反正死无对证。

在大海里漂移，人弱小到可以忽略不计，生死也就微不足道。在大自然面前，那些“人定胜天”的豪言壮语，何等可笑。

下龙湾

在游轮上，我已经被下龙湾的“海上仙山”——造型特异的岩石岛抓住了眼球。要想瞧得真真切切，便坐小船上岸，然后再到码头乘小游船观岛，并能登上有特色的岛子。下小船后，还有一段深入海水中的路通向陆地，两边有很多乞讨的越南小孩。

先到市区转了一圈，无非就是一些百货批发市场、工艺品市场，能伴手的小物件却少之又少，也无令人驻足的别样之处。倒是出租车，也有“宰人”的伎俩，说是三十块钱，下车时变成一人三十块钱。看来，“宰人”无国界。

从码头乘小游船，进入下龙湾海上仙山的核心区，果然是流连忘返。同伴提醒：回邮轮的时间不富裕了，抓紧时间，被大船扔在这里，岂不惨矣？确实，如果回到码头再上邮轮，时间的确不够了，只有一个办法，让船老大直接送外卖上邮轮，海上可取直线行驶。

船老大是个越南老头，中、英文皆不懂，而我们又不懂越南语。船上还有两个韩国人，中英文不通。汗就下来了，三国人又是比划、又是在纸上画示意图，老头终于明白了，径直送我们上邮轮。

好险，十分钟后，邮轮驶往下一站。一边庆幸没被扔下，一边想起了一个段子：

母耗子带着小耗子，遇到了一只猫。面对危险，母耗子学起了狗叫，把猫吓跑了。母耗子语重心长地对小耗子们说：“看看，关键时刻，懂一门外语是多么重要！”

顺化皇城

顺化，滨海城市，越南阮朝时代的京城。1945 年，阮朝末代皇帝宣告退位，改姓名成为越南民主共和国首位公民。

先到皇陵。末代皇帝像是从法国铸造的铜像，1945 年以前还是法国的殖民地。所以，越南人吃面包，就是法国殖民的印记。皇帝铜像应该是陛下本人的等比例像，并不高大威猛。

到了顺化皇城，中国人就笑了——微缩版的故宫。顺化皇城用的是明朝故宫的图纸建设而成，方圆五里，午门、太和殿、勤政殿什么的，一样一样的。

1945 年，越南弃用汉字。这个年份，是个重要的历史节点，大中华泛汉字圈基本上正式弃用汉字，确立自己的官方语言。

顺化，有北京故宫比着，就不浪费笔墨了。

顺带一提的是，顺化的美食尚好，海滨城市，海鲜自然是少不了，水果也是美食的主角，菠萝壳也成了盛放炸鱿鱼圈的美器，码盘的造型也见雕刻的功力。席间还有越南民间弹唱表演，咿咿呀呀听不明白。弹奏的大姐甚是忘情，脱了一只鞋而不自知。

再见。越南语里的再见，发音是“暂别”，还是汉语的印记。

8. 中国台湾记

5月7日，济南—深圳

原本12：35的航班，晚点2小时，候机楼的广播用不紧不慢的腔调在播放：“由于航空管制的原因……”航空管制，成为飞机晚点的唯一解释和“护身符”。

17：50到深圳，入住距机场千米之遥的双溪威酒店。收拾停当，到酒店旁边的风味小吃一条街吃大排档。选了一家潮州粥粉铺，菜谱上却多有川菜，凉拌土豆丝居然是辣椒油拌的，炸河虾、酱牛肉味咸。

大排档已经融合了各种风味。

5月8日，蛇口—香港—台北

酒店的粤式早茶很正宗，花样繁多，制作精美，以炖盅、屉蒸为主，一切皆可炖之、蒸之，只是甜、淡，北方人稍有不适。

中午乘酒店大巴至蛇口码头，看到了“时间就是金钱，效率就是生命”的标语，大概当文物保存下来，想当年，这片改革开放的热土，造就了内地人的“孔雀东南飞”，纷纷南下淘金，这一口号响彻全国。从蛇口码头乘船，14：30抵达香港机场。

不能出机场，只能在香港机场的候机大厅里晃荡一圈。几乎所有的免税店都是一样的，无非就是手表、化妆品、手包之类，非我兴趣。候机楼的设施是我所见过最好的，还有为乘客准备的躺椅，这是第一次见。

抵达桃园机场，已是晚上 19：30，旅行社接机，乘大巴去往台北。导游讲段子，以驱旅客疲劳。

入住台北神旺大饭店，是旺旺集团旗下的产业，那个熟悉的卡通形象在酒店随处可见。旺旺集团还创办了一份报纸《旺报》，报头一段话，大意是：中国内地已经不是过去的中国内地，是机遇。这份报纸的定位是让中国台湾人了解中国内地，看来是在中国内地尝到了赚钱的甜头。

在大巴车上发了一瓶纯净水，在房间才看清楚水瓶标签是一个议员的竞选广告："喝好水，选好议员"。这引发了我的兴趣，用手机拍了下来，尽管效果不是很好，还是发了来中国台湾的第一条微博。

5 月 9 日，台北

台北故宫博物院，毛公鼎、玉白菜、象牙雕刻、核桃微雕……叹为观止，让人惊讶到无话可说。不说了。

午餐是正宗"台湾菜"，餐馆位于老城区局促的街巷内，大巴车不得进，在街口步行进入。街道两旁全是店铺，店招皆中文、日文同署。主菜为白切鸡、红烧肉、鱼片、蛤蜊，上了一大盆地瓜米粥。据说是在困难时期，白米不够吃，就多加地瓜熬粥以果腹充饥。另外菜较咸，是当时农耕者为了多下饭并补充盐分，以便下地多干活。

下午参观一家中国台湾集团公司总部，公司人文色彩浓厚，布局颇具匠心，游泳池、活动室、露台、瑜伽室等一应俱全，还为哺乳期的女性员工设立了挤奶室，挤出乳汁后存入保温箱，下班回家时带回去哺乳婴儿。有一个很强烈的感受：人人彬彬有礼。

晚饭是在一家“慢餐艺术馆”，在追求快节奏的现代社会，慢餐不仅成了享受，也成了艺术。这里亦是日式风格，脱鞋赤脚吃饭。

在回酒店的大巴上，路过中国台湾省有名的24小时营业的“诚品书店”，透过车窗看见书店路边也摆了很多地摊，突然摆摊者席卷仓皇而走净，原是“城管”来了。

5月10日，新北—台北

下午到新北市淡水镇，品尝淡水名小吃“铁蛋”，大概是鹌鹑蛋做的，黑硬如铁。

傍晚回台北，登临著名的101大楼，现代化建筑，却融入诸多传统元素，870米高，从5层至89层观光层，乘坐高速电梯仅需37秒。

晚上的活动地点是饶河街夜市，居中国台湾省十大夜市之首，最负盛名，是个灯火通明、游人如织的小商品市场，中间夹杂了不少特色小吃摊。说实话，如此夜市，在内地每个城市都能找到，不过风味略有不同。

这个名声很响的夜市，从这头走到那头，仅仅600米。

5 月 11 日，嘉义—阿里山

由台北至阿里山，路途之遥始料未及，好在大巴上一直在播放《两蒋父子档案解密》《张学良口述》《毛泽东》等纪录片，史料价值极高。张学良为何发动“西安事变”，在唐德刚《张学良口述历史》中，张学良给出的答案令人失望：一时兴起。看了这部纪录片，老年张学良的口述，终于相信了这一答案极有可能是真实的。

中午到嘉义县，安排在一家叫“真北平”的饭店，老北京风格，背景音乐是京剧，上了北京烤鸭，但却与中国内地的烤鸭风味相去甚远，大概是一种怀念吧。

继续向阿里山进发。进入山区，蜿蜒而行，盘山路较窄，甚是险要。且有路段在加固维修，需单边放行，下午 16：00 方到达景区。

阿里山“森林浴”让人神清气爽，尤其是二十多棵树龄在 1000 年至 3000 年的“神木”，让人深感大自然造化之神奇。日据时期，日人在阿里山发现了原始红桧林，大量砍伐运回日本本土，用于建造寺庙、殿堂等场所。为表彰发现这个原始森林的日本博士琴山河合，日本政权在阿里山设立“琴山河合博士旌功碑”。刻碑者为当地匠人，认为日本人是侵略者，抢走了阿里山的红桧，这个人不配“博士”和“旌功”，于是，“博”字少刻了一点，“功”则刻成了左“工”右“刀”。

夜宿阿里山山顶高峰大酒店。由于小火车维修而停运，是为一憾。

5月12日，埔里—日月潭

早晨从阿里山下山，上午又是一个奔波之旅。中午抵达南投县埔里镇，此镇之所以有名，是地处于中国台湾省版图的正中心，设有中国台湾省中心标志。此外，埔里镇酿造的“绍兴酒”，为中国台湾省之冠，因这里的泉水上佳，水为“酒之魂”。

拜谒中台禅寺。此寺由建筑设计大师李祖原设计，在传统庙宇建筑中融合了西方元素，传统而又时尚。台北101大楼是李祖原设计，现代建筑中融入中国传统元素。大师端的是出神入化。

中国台湾省已久旱，我们入寺时，天降大雨。引领我们参观的女法师，禁不住高兴地连念“阿弥陀佛”。中台禅寺的寺训是：“对上以敬，对下以慈，对人以和，对事以真”。中台禅寺还经营学校，是中国台湾省著名的中学。

天色已晚，到达日月潭，宿仙山林哲园会馆，在房间看日月潭，伸手可及，咫尺之间。

5月13日，日月潭—桃园—青岛

早上六点起床，乘船游览日月潭。

日月潭主要用途是发电。发电设备皆在日月潭周边的山洞里，采用抽水发电的方式，所以，其潮涨潮落并非自然现象，而是抽水发电所致。

绕日月潭一周，品尝了水上酒家的鲜鱼汤，登临“玄光寺”，此处供奉的是唐三藏。

中午抵达桃园，送行宴席相当丰盛，有鱼生、龙虾、鲍鱼、鲜虾、鳗鱼等，在中国内地省会城市这一餐估计得 3000 元至 5000 元的标准，而在这里折合人民币 1000 元出头。

飞机晚点，从桃园机场起飞 2 小时 10 分钟后，抵达青岛。

9. 巴厘岛记

开满鲜花的岛子

巴厘岛花多。

刚下飞机，接机的导游一见面先给我们每人带上了一个散发着优雅香气的花环。

清晨，洒满鲜花的小径。

每天，鲜花赋予这些雕塑以活力。

处处有鲜花，垃圾桶也不能少。

在巴厘岛，被称为“鸡蛋花”的鲜花随处可见，之所以获名，大概是花瓣是白的、花心是黄的。

好客

在巴厘岛，作为一个匆匆过客，感受到了这里人们的好客、热情、友善。人们以微笑、献花环、鸣锣欢迎等方式，表达着对来客的欢迎。

巴厘人信奉印度教，因此，当地人与人打招呼，一定是双手合十微笑致意。

这是酒店门口的欢迎客人的锣，客人进店，身着土著服装的服务生就敲响这面锣以示欢迎。

爱之船出洋

第一天的行程，是乘坐“爱之船”游览印度洋。

船行大约一个半小时，到达一个离某个岛屿不远的海上浮台，以此作为游人的聚集地，可以乘船观赏水下游鱼，可以上岛看斗鸡表演，玩沙滩排球。中午返回海上浮台，品味巴厘岛烧烤，稍事休息后可尽情在海里游泳、开摩托艇、坐香蕉船，惊声尖叫不断。

由于准备不足，虽然在海水里泡了两个小时，以为海水可以抵挡紫外线，但确确实实还是被晒伤了——皮肤刺痛红了几天，然后开始蜕皮。

峡谷漂流

穿戴整齐，尚未出发，天降大雨如瓢泼。峡谷顿时四处浊水奔流，听导游讲，不下雨时峡谷的激流是清澈的。因为突然降雨，无法拍照，只是在中间的一个休息点，教练给拍了张照片。

爱惜

巴厘岛不见高层建筑。

我们下榻的美丽雅酒店，是五星级，但最高楼层仅为三层。原来，以旅游为支柱产业的巴厘岛，规定建筑高度不能超过17.5米，是一棵椰子树通常的高度。

海神庙

海神庙是巴厘岛一处著名的景点。由于海水的常年侵蚀，海神庙与本岛分离，涨潮时，海神庙成为海上仙山，退潮时，游人则可涉水而过，前往拜谒。

情人崖

据导游说，情人崖本无故事，就是海边的一处断崖，为了招徕游客，讲起了故事。在这里，一是有庙，游人着短裤不得入内，要在门口系上一条“沙龙布”遮住膝盖方可入内；二是这里有猴子，猴子很能抢客人的东西，买了当地人在此兜售的花生水果之类扔给猴子，才可能将被劫物品赎回。

但仅仅是可能。

传说中的情人崖——断崖，再往前，就是印度洋了。浩渺无尽，岂不断肠？

海滩

我在想，如果我给巴厘岛弄一条广告语，是什么？

想了好几天，觉得这条有点意思：你在海滩上看风景，海滩上的人在看你。

8. 蓝点咖啡

在蓝点咖啡喝下午茶，是此行一个极具诱惑力的所在。因为建在海边，成为招徕“洋人”的所在。据导游介绍，这是巴厘岛一个消费非常昂贵的场所，在海边还有一个小小的只能容纳二十来人的小教堂，东南亚地区的很多明星大腕多来此拍婚纱照或举行教堂婚礼。

几个老外忒享受：在游泳池里泡着，拿着啤酒，吹瓶。

饕餮

吃是一个重要的事情。每到一个新的地方，品尝当地美食恐怕是大多数人的选择，主人也常以地方特色美食待客。

据导游讲，巴厘岛人吃饭是手抓的。我们在巴厘岛，也不例外地被精心安排每一餐，既有印尼风情的宴会，也有轻松的海滩烧烤，还有正宗粤菜和鸳鸯火锅。

雕琢

巴厘岛的石雕和木雕是最大的特色。由是，我断定，巴厘岛人的内心是自由的，他们可以用那么多的时间去精心雕琢各种各样的造型，没有被世俗所左右。

10. 克什克腾记

像大海一样宽阔的达里诺尔

每年的 8 月中下旬，是克什克腾最美的季节。

此次克什克腾旗之行，首站是达里诺尔湖。乘旅游大巴，由赤峰至达里诺尔湖，有四个多小时车程。

大草原，真大啊。

到达达里诺尔，已经是下午一点钟了，还是先解决吃饭问题——品尝达里诺尔湖的全鱼宴。说是全鱼宴，却只有鲤鱼、华子鱼两种。据当地人介绍，达里诺尔湖只有鲤鱼、华子鱼，外来鱼种不能成活，因为湖水是苏打型半碱性水，特殊的水质，也使得鱼肉质细嫩、味美。举箸品之，鲤鱼肉细嫩、爽滑，入口即化的感觉，果然与内地之鲤鱼大不相同，可谓天壤之别。

我们到了达里诺尔湖南岸。

达里诺尔湖是内蒙古四大内陆湖之一，面积达 200 多平方公里。达里诺尔汉译“像大海一样宽阔美丽的湖”，古称“鱼儿泺”“捕鱼儿湖”“答尔海子”等。湖周长百余公里，呈海马状，湖周围草地缓升，百里际天，仅东南角地势下沉，曼陀山斜横而出，视为屏障。达里诺尔湖历来就以瑞丽的风光和富饶的物产闻名于世，是百鸟乐园。据《克什克腾旗志》记载“相传清康熙用骆驼从黄河驮百条鲤鱼，放生于此。”从清明到端午节前后，是达里诺尔湖鱼产卵期，在漫长的春季里，鱼群始终沿着牧草返青的河道溯流蜂拥而上，有时竟造成水流不畅。当地人说，手脚轻盈的人可以踩鱼背过河而不致落入水中。华子鱼有顶着冰凌产卵的习惯。《王国维遗书》上记载“每三、四月间，自达里诺尔湖溯河而上之鱼，堵塞河渠，殆无空隙，人马皆不能过，渔儿烁之名盖本于此。”

听向导介绍，达里诺尔湖“冬捕节”的捕鱼活动蔚为壮观，捕捞方法独特，打冰洞下网，一网能上来数万斤，据说最大一网捞上来十二万斤！

下次再来，宜选冬季，一睹达里诺尔湖“冬捕节”的风采。

牛粪有的是

傍晚，去吉日河，就是站在山上眺望一条草原河流。

大概前几天下过雨，泥泞的草地，承担不起大巴车的重量，抛锚了。而到前方的小山，还有几公里的路程。大家拿郭德纲相声里的段子开起了玩笑：

“我们迷路了。有一个好消息，有一个坏消息，你想听哪一个？”

“坏消息。”

“我们只能吃牛粪了！”

“好消息。”

“牛粪有的是！”

——草地上，牛粪有的是。于是，大家哄笑。笑毕，过草地吧，开动两条腿，步行上山。草地上牛粪太多了，据向导介绍，现在牧民很少捡牛粪了，过去是主要的燃料，现在大都烧煤了，牛粪自然也就成为草地的肥料。

而且，近年来开始禁牧，圈养比例逐渐增大。

好在，站在山头上，远处还有隐约可见的牛羊群，还有蒙古包。

草原之夜

我们住宿的地方叫白音敖包酒店。下车时，有一个“喝下马酒”的仪式，导游说，每个人必须得喝，不喝就是对主人的不敬，且酒的度数只有十来度。下得车来，穿蒙古民族盛装的姑娘们引吭高歌，为客人献上哈达和一碗酒。喝下去，才知道被导游蒙了——一碗青稞烈酒！

手把肉，盘肠，达里诺尔湖鱼……蒙古美食，伴着歌舞、长调、悠扬的马头琴声，让饥肠辘辘的过客们吃得酣畅淋漓。作为这次宴席的重头戏，烤全羊隆重登场——一番复杂的仪式之后，一只全羊被分割后上桌。确实唯美，只不过是因为要有仪式感，稍微有点凉了，显得腻。

吃饱喝足，篝火晚会开始。大家手拉手，围着熊熊的篝火，尽情地唱啊跳啊，广场上，成为欢乐的海洋。美丽的烟花，点亮了夜空……

沙地云杉的生命之根

白音敖包国家级自然保护区，是世界上仅存的以保护有“生物基因库”之称的沙地云杉林及其生态系统的所在地。

沙地云杉的生存环境极其脆弱，沙化会将这些“生物化石”最后的生命屏障吞噬掉。

沙地云杉赖以吸收养分的腐殖层只有十几厘米，因此，为了活下去，云杉的根是横着长的，沿着腐殖层横着生长几十米。

在沙地里，居然有清澈见底的河流，真的应该称之为生命之源了。

据向导介绍，蒙古族的先民们是从大兴安岭走出来的，因此他们的文化里有崇拜山的传承。敖包是祭祀的地方，人们路过这里，都会捡石头堆积在这里以祈福纳祥。日积月累，敖包就越来越大。

石破天惊

“阿斯哈图”在蒙古语里是“险峻的岩石”的意思。阿斯哈图石林，是目前世界上独有的一种奇特地貌景观。自第四纪冰川以来，大兴安岭地区曾发生多次古冰川作用，经冰川、寒冻、风化、水蚀后形成了现在的地貌。

11. 庖人祖师团

可以说，我们是“舌尖上的中国”，烹饪技艺源远流长。青铜器时代那些大鼎什么的就是贵族才能使用的炊具，是地位的象征，春秋时楚庄王“问鼎中原”，其实就是想说：这块地盘，我吃定了。

古人讲究“追远”，各行各业都有自己的祖师爷供奉。但是，中国的历史太悠久了，有些行当祖师爷就一个，没什么争议，有些行业则是“组团”的祖师阵容，像财神：文财神有比干、范蠡、李诡祖等，武财神有赵公明、关羽、钟馗等，尚有多种版本传世。厨师业也是如此，庖人“祖师团”，阵容强大。

灶王爷——最大众的祖师

每年腊月二十三，要“祭灶”，给灶王爷吃糖瓜，封住嘴，只捡领导爱听的汇报，叫作“上天言好事，下界降吉祥”。灶王爷是个传说人物，玉皇大帝的女婿，掌管人间烟火。人活着就要吃饭，是本能，而能将烹饪作为一门技艺，则是本事。因此，灶王爷适合作为普罗大众的“厨神”，当厨师业的祖师，就虚了点。

彭祖——最长寿的祖师

彭祖活了八百八十岁，据说，当时是六十六天为一个纪年，换算成现在的三百六十五天为一年，也有一百四十岁，传说是南极仙翁转世。彭祖擅于烹饪野鸡汤，受到尧的赏识，封地在大彭，是彭姓始祖。彭祖在江苏一带厨师业被奉为祖师，应该是“区域型”的祖师。

少康——最励志的祖师

少康他爷爷“太康失国”，他随母亲从狗洞里爬出开始流亡，在虞氏部落做了个厨师长的小头头，当了上门女婿，发愤图强，终于复国，史称“少康中兴”，是夏朝的名君。少康还是个发明家，《说文解字》记载“古者少康初作箕帚、秫酒。少康，杜康也”。少康发明了簸箕、扫帚、酒，是历史上第一个从厨师长到国君的人物。所以，中原一带，以少康为厨师业祖师，也是个“区域型”的祖师。

伊尹——最智慧的祖师

伊尹的事迹就不用说了，到现在也纠缠不清到底是陕西人、河南人、山西人、山东人中的哪一个。莘县有伊尹祠，我十多年前查阅莘县的资料，有“伊尹耕于莘”的记载，创作了一个品牌故事。伊尹是历史上第一个以负鼎俎调五味而佐天子治理国家的杰出庖人，创立了“五味调和说”与“火候论”。让伊尹更为声名远播的，是老子将他的先进事迹写进了《道德经》：“治大国者，若烹小鲜。”所以，迄今为止，伊尹是厨师业广泛认可的祖师爷，国家级烹饪比赛也以“伊尹杯”命名，应该是“全国型”祖师。

易牙——最狠毒的祖师

易牙是齐桓公的御厨，兼中央接待办主任，负责外宾、重大国事活动的宴会接待，排座次排得好，宴会流程控管得当，深得齐桓公赏识。易牙厨艺高超，孔子也赞美他“淄渑之合者，易牙尝而知之”，也就是说，淄水、渑水两条河的水合起来，易牙也能分辨出来。易牙对于烹饪业的贡献，一个是发明了“炒菜”，一个是做“药膳”，还首创了“鱼羊鲜”，足可担任祖师爷一职。但是，易牙人品不行，齐桓公说没吃过人肉，易牙就把自己儿子烹了让齐桓公过瘾。齐桓公不听管仲遗言，仍重用易牙等，在病重之际，被宫中作乱的易牙饿死了。所以，“易牙烹子”，这事都能干，不配当祖师，污点太大。

刘询——最高位的祖师

刘询可不得了，是汉武帝的曾孙，幼遭变故，下狱，流落民间，后遇大赦，恢复皇族身份。汉昭帝死后，无子嗣，大臣选刘询做了皇帝，即汉宣帝。要说刘询在烹饪界的贡献，主要是他擅于制饼，应该去当糕点业的祖师。这个虽然干了一任皇帝，但专业不够，分量也不足，奉他为祖师，大概因为他是至高无上的皇帝，干脆让给他得了。

詹鼠——最实在的祖师

湖北人，隋文帝时代的宫廷御厨，皇帝食之无味，詹鼠献上一道叫“饿”的菜，让皇帝和大臣们跑圈，跑饿了，吃嘛嘛香。皇帝高兴，封他为“詹王”。不过，皇上问“世界上什么最鲜”，詹王回答“世界上最鲜的是盐”，皇上认为是糊弄他，这样的答案太娱乐化，这不是逗皇上玩嘛，拉出去，砍了。其他御厨害怕了，饭菜不敢放盐了，皇帝差点因“盐缺乏症”而玩完。詹王擅长将野鸡制作成鸡粉作调味料，因此是鸡粉调味业祖师的合适人选，湖北、四川一带供奉他，也属于“区域型”祖师，荆楚派代表吧。

吕不韦——最无名的祖师

这个，是拿来凑数的，烹饪业的祖师传说里没这个人物。吕不韦是大商人出身的政治家，是中国历史上第一位“风险投资人”，成功将“赵政”改组为“嬴政”，投资成功。吕不韦主持编纂的《吕氏春秋》，有《本味篇》卷，“凡味之本，水最为始。五味三材，九沸九变，火为之纪”，说的是烹饪，悟的仍是治国之道。记录了水、菜、调味料、果、粮等哪些是好的食材，以及火候的把握，应当说是实践与理论相结合，现有单行本印行，为烹饪古籍。

菜系有“八大”，“祖师团”也凑“八大”。

12. 重庆猛料

重庆，铜梁，合川，大足，逛吃逛吃。

早起，到街上面馆吃面。入座，特地给老板娘交代：不放辣子！且，重要的事情说三遍，不放辣子，不放辣子，不放辣子。

面上来，不禁傻眼：上来的是一碗红油面，没有另外放油辣椒而已！邻座，一位当地的大姐，吃完了一碗红油加油辣椒的面，而且把油汤也喝掉了，气定神闲。我一边将面条用筷子挑起，让红油与面条脱离，一边看大姐吃完面条喝红油汤，敬仰之情如滔滔江水连绵不绝……

这是重庆最寻常的吃食。这里的人们，很爱自己的文化，说方言为主，甚至有人听不懂普通话。这里人们的坚持，从“老火锅”也能见端倪：凡是招牌上敢打“老火锅”的，必须按照老理来，用“老油”做锅底。

吃火锅，当地叫“烫火锅”，各种食材在“老油”里烫一下的意思。火锅可以“无菜不烫”，什么菜在锅底一烫，就自成风味了。“老油”是一桩公案。坚持者，认为“老油”才是重庆火锅的魂魄，祖宗们就是这么干的；否定者，认为是“口水油”，有害身体健康，坚决取缔之。作为一名老饕，我认为，老辈传下来的东西，还得慢慢思考。“老油”，或许有其道理，特别是饮食之道。

在铜梁，还是接触了几样未曾见识的“猛料”。

“老油”，即牛油炒料。前面已经说过了，应当是“第一猛料”。

“头刀菜”。说是“铜梁第一菜”，价格也不错，小饭馆也得百十元一盘。上得桌来，感觉这菜有点“坑”：主角是泡姜、泡椒，那“头刀菜”倒是“肉隐肉现”，成为配角了。应该是拜中国饮食博大精深的“补”文化所赐，成就了这道“头刀菜”，说起来此菜不雅，有兴趣的自己“百度一下”。

“猪牙龈”。此猛料既可红烧，又适宜烫火锅。作为北方人，猪下货爱好者合作伙伴，从未想过将猪牙龈当作独立的食材。西南之地，不但使“猪牙龈”独立成材，且更加细分化，猪口腔的上膛部分，因为猪舌头舔之，被美食爱好者称之为“天膛”，是比“猪牙龈”更金贵的食材。这玩意，就是软骨，脆韧弹牙，实无大味。

“脑花”。此猛料是烫火锅的食材，就是猪脑子。记得小时候，过年煮下货，猪脑子是不受待见的，吃什么补什么，脑子不灵光，更不能吃猪脑。在重庆烫火锅，“脑花”则是上品，一个猪脑剖为四瓣，端上桌来，倾盘下之，翻滚几下，捞起，奇白、奇滑、奇嫩，妙不可言。

“三活”。一开始不明白，一家家的店铺，为何叫“三活兔”。请教当地人士，才知道“三活”是指“活鸡、活鱼、活兔”，活物现杀现做，取的是食材新鲜。鸡、鱼太寻常，兔则占了便宜，“三活”酒店则多以“三活兔”为名了。

“摇滚烧烤”。在黄桷树花海，景区门外是热闹非凡的市场，以吃吃喝喝为主，烧烤是主力。有几家烧烤，打出了“摇滚烤肉”的招牌，放着摇滚乐，烧烤师一边跳舞一边烤肉，扮相古怪，抓人眼球。客人吃掉肉串剩下的竹签，被命名为“发财树”。

13. 食指大动

在美食家的词典里，有一个常用词：食指大动。在我的词典里，将这个词改为“十指大动”。我个人认为，“食指大动”是个性化表述；“十指大动”才是大众化表述，更有人间烟火味。想一想，用上双手，十指齐动，该是何等的美味？要么，就是饿疯了。

“食指大动”，是动出人命来的。

《左传·宣公四年》记载了来历：楚人献鼋于郑灵公。公子宋与子家将见。子公之食指动，以示子家，曰：“他日我如此，必尝异味。”及入，宰夫将解鼋，相视而笑。公问之，子家以告，及食大夫鼋，召子公而弗与也。子公怒，染指于鼎，尝之而出。公怒，欲杀子公。子公与子家谋先……夏，弑灵公。

故事是这样的：郑灵公即位，楚庄王派人送大鼋为贺礼。美食家郑灵公很高兴，让厨子宰杀烹饪。大夫公子宋与公子家来参见郑灵公，在宫门外，公子宋食指动起来，公子家很好奇。公子宋告诉他，食指一动，必遇美食，无不灵验。进宫后，果然厨子在杀鼋，二人会心一笑。这一笑，让郑灵公看在眼里，问为何发笑，公子家据实相告。郑灵公玩心萌动，存心让公子宋的食指不灵，分肉时不分给他。公子宋恼羞成怒，自己到大鼎边上用手指蘸了蘸鼋汤尝了尝，然后扬长而去。郑灵公见公子宋如此傲慢无礼，也很恼火，撂了些狠话。公子宋也后怕，干脆来个一不做二不休，先下手为强，刺杀了郑灵公。

这个故事，为伟大的汉语贡献了两个词：食指大动、染指。

食指大动，已经成为赞赏美食的专用词，被广泛使用。染指，则变成了动了别人奶酪的意思。倒是肯德基的原味鸡，用了“吮指”，更接近染指的原意。

筷子天下无双，没有夹不起的食物，但有些需要“啃”的东西，还是手抓着吃更来劲。如果筷子作业效率不高，大家一起，相互招呼：直接下手吧！面子、优雅什么的，先靠边站。当然，不管再好吃，也要想着“食指大动”的来历，让领导先吃，闹不好出“人命”啊。

有一道菜，菜名曰“手拉手”。问是什么菜，答：酱猪蹄。可不嘛，人手抓猪手，手拉手。

不禁莞尔。

14. 烤鸡背

诸城访友，主人热情待客，已尽地主之谊，特色美食自是不可少。席间上了正宗的“诸城烤鸡背”，一道有点意思的菜。

诸城别称“龙城”，我与此地渊源颇深，于千禧年之际曾写《龙城故事》长文，在某国家级大报刊登两个整版，一时广为传诵。

“诸城烧肉”是诸城人的乡愁，著名的吃食。猪下货煮熟，在干锅里架起箅子，熟肉置其上，锅底放红糖，灶下添火，油脂被烤出，故食之肥而不腻。红糖的烟气，为烤肉着色，端的是“秀色可餐”。

诸城是个“肉都”，肉食料理品牌林立，其中有肉食分割鸡，鸡腿、鸡胸、鸡翅、鸡头等分割处理后，余下一个鸡背架子，却被充分利用起来，用“诸城烧肉”的做法“烤鸡背”，成为一道民间小吃。

诸城“烤鸡背”爆得大名、从百姓餐桌搬上大雅之堂，盖因吴仪副总理的典故。说的是，副总理来诸城视察工作，问分割之后的鸡架子如何处理，被告知做成民众喜爱的“烤鸡背”，大感兴趣，就餐时要品尝。品尝之后，副总理大加赞赏，连连点赞。于是，“烤鸡背”名声大噪，身价倍增，上了高档酒店的菜单。此菜正宗的名称叫“烤鸡背”，因为副总理的缘故，又被民间称为“吴仪背”。当然，老百姓也就这么一说，还是沾了副总理的光，算是民间的一种尊称。

一个鸡架子就此有了名气，吃“烤鸡背”也不再简单了，有了文化。

其一，吃“烤鸡背”，叫“放下架子吃架子”。不管是达官贵人、文人墨客、商贾巨富，要吃这玩意，就得放下“架子”，鸡架子面前人人平等，这时候，就有了“本色人生”的哲学意涵。

其二，吃“烤鸡背”，叫“两手都要抓，两手都要硬”。鸡架子整个烤，适合两手抓着撕扯着吃，吃个鸡架子都不忘讲大局，要做到“两手都要硬”，这就有了“家国情怀”，有境界。

其三，吃“烤鸡背”，叫“戴套不戴套，全凭你喜好”。烤鸡背上了大席，酒楼也为客人准备了一次性塑料手套，有人怕沾手，有人则喜欢“十指大动”的感觉，戴不戴，全凭个人。此时，就是讲个性化了，自由奔放。

一个本是下脚料的鸡架子，被吃出了丰富的文化内涵。鸡背有故事，品牌得流传。

15. 黄豆谣

与“熟悉的地方无景色”相类似，黄豆这种与我们几乎朝夕为伴的食物，实在感觉太普通。我也对黄豆熟视无睹，直到看了一个新闻：我国某地一贫困山村小学，学生要自己做饭，为解决“吃菜难”问题，学生从家里带黄豆到学校，煮熟就是咸菜，生出豆芽可以做豆芽菜。看过这样的新闻，为“中国式生存之道”心生敬畏，但难免有一些悲凉，中国还有很多贫困人口。几千年来，黄河文明、黄土文明养育了巨大的黄皮肤人群，一粒小小的黄豆，在“黄色文明”里被漠视了。

黄豆真是一种神奇的食物，变化之多，在粮食作物里可谓无出其右者：它可以是香醇的豆浆，可以是豆油，可以是豆腐脑，可以是腐竹，可以是豆油皮，可以是豆豉，可以是豆瓣酱，可以是豆腐乳，可以是臭豆腐……对黄豆的开发利用，体现了中国人的生存智慧。孔子提出的“八不食”，有“不得其酱，不食”，到底是豆酱还是肉酱，尚无确切考证，按照当时的生活水平，豆酱的可能性更大一些吧。

“小孩小孩你别馋，过了腊八就是年。腊八粥，你喝几天，哩哩啦啦二十三。二十三，糖瓜儿粘；二十四，扫房日；二十五，炸豆腐；二十六，炖块肉；二十七，宰公鸡；二十八，把面发；二十九，蒸馒头；大年三十熬一宿；大年初一扭一扭。”在这首民谣的歌咏中，“二十五，炸豆腐”，是单列的一件重要准备工作。炸好的豆腐，无论炖、炒、拌，皆可与肉糜媲美，好吃得不要不要的，被称为“素肉”。物质匮乏年代，炸豆腐就当肉吃了。

炸豆腐切成丝，加芫荽梗，旺火快炒，这个“炸豆腐炒芫荽”，两者是绝配，一筷子下去，就“记得住乡愁”了。在农村的宴席规则里，“炸豆腐炒芫荽”是最后一道菜，这菜一上，就意味着菜齐了。到底什么讲究，没考证清楚，约定俗成，就这样。

炸豆腐，还有一种“炸豆腐丸子”，豆腐抓成泥，最好是加点五花肉，捏成丸子，下锅油炸，表面金黄时捞出，稍微凉一下，入口外酥里嫩，美得鼻涕冒泡。

鲁菜里面，有一道名菜，是“豆腐箱子”，以炸过的豆腐为“箱体”，里面装上肉馅，荤素搭配非常好。因为制作过程较为繁复，算得上一道大菜。

黄河谣，黄土谣，我觉得再有个黄豆谣，就能更好地诠释中国人的精神了。

16. 飞“蝗”腾达

老话说：秋后的蚂蚱——蹦跶不了几天了。秋高气爽的季节，正是逮蚂蚱的好时候。

少年时代的山村生活，山上总是有数不清的物事和乐趣。春天，上山抓蝎子，村子里的供销社收购，是个小收入；夏天采松菇，刚出土的嫩骨朵自个家才吃，大的曝晒干，晒的过程中易生蛆，干了抖搂抖搂，就卖了；有一种绛紫色的松菇，单长在树下松针积成的腐土里，立秋雨后即出，属于山珍了，炖鸡的绝配，卖价比较高，自家炖鸡的机会很少，故而舍不得留多，过年时派上用场，上供的红冠公鸡总是要在各路神仙、列祖列宗享用后做年菜；秋天，是丰收的季节，大人们收庄稼，半大孩子们则可以挖药，柴胡、血参、小草什么的，都可以到镇上的收购站换钱，有酸枣可充饥，有各种野生的浆果可解渴，最有意思的，还是烧蚂蚱。

山上的草坡里，蚂蚱多的是——这也算是个大称呼，其实有很多种，“油蚂蚱”“蝈蝈”“刀螂”“少马甲”等，都可以统称蚂蚱。这其中，最适宜烧来吃的是“油蚂蚱”，身体呈草绿色，大腿壮硕，弹跳力比较强，一蹦蹦老远，属于蚂蚱中的“大族”，草棵子里数这玩意家族兴旺。当然，能逮着大肚子的蝈蝈、刀螂也不错，但和“油蚂蚱”比起来，毕竟是“少数虫族”，可遇而不可求。

油蚂蚱可不好逮，两条大腿粗壮，一蹦老远。但是，这也难不倒被勾起“馋虫”的少年们，要的就是赤手捉虫的显摆劲儿，二十里地撵死一个蚂蚱——要的是这口气。于是，看到块头大的“油蚂蚱”，蹑手蹑脚接近，埋伏，然后突然袭击，一击不中，蚂蚱振翅飞起，或蹦出老远，于是，小伙伴们变一蹦一蹿地围追堵截，终于擒住。逮上十几、二十几只，便可找个地方，捡点干树枝，生火，将“油蚂蚱”投入，不一会的工夫，从火里扒拉出来，用嘴吹一吹灰，就可开吃了。

其实，蚂蚱是不入食谱的，是害虫，人们没有吃这玩意的习惯，只不过是乡村少年们的一种游戏，也说不上好吃，但在物质匮乏年代，聊以解馋——蚂蚱也是肉啊。

如今，农村出来的城里人，开始害“乡愁病”了，纯正的城里人开始热衷于“乡村游”了，所到之处，无不以吃地道的农家饭菜为乐。在“农家乐”的菜式里，油炸蚂蚱必不可少，食客图个新鲜。讲究一点的，一盘只选一种蚂蚱为食材；不讲究的，则是多种蚂蚱混在一起油炸装盘，毕竟蚂蚱有一千多种，蚂蚱拼盘也算是一个花色。不过，蚂蚱并非人人皆宜，过敏体质的就不要吃了，弄不好有性命之忧，这种事件常有。再就是，可能有农药残留之虞，听说有些逮蚂蚱的，为了提高作业效率，直接用农药喷，这个就不好了。

蚂蚱是害虫，多了就闹“蝗灾”，食之亦无大味，终是粗鄙之物。然，近年来，亦登大雅之堂，上了大酒楼的菜单，物稀但始终不为贵。有一次，在黄河入海口一酒楼，见大堂有外卖堆头，其中有瓶装“蚂蚱酱”，是以蚂蚱为原料，与油辣椒、花生碎、豆瓣一起做成的酱，临走果断拎了伴手。

这“蚂蚱酱”，有个超级棒的名，曰：“飞蝗腾达”。大酒楼的菜单上，若载此名，点击率与身价可倍增。

17. 苦瓜记

北方人吃苦瓜，历史不长，应该是拜改革开放所赐，一个是蔬菜种植反季了，一个是物流天下了。

我第一次知道世界上有苦瓜这东西，大约是中学时代，看过一篇文章，记不清了，大意是，战争年代，一位革命者吃到了辣椒炒苦瓜，激发了更高的革命斗志……革命胜利了让全国人民都吃上苦瓜。这种革命的英雄主义与浪漫主义，让我深深地记住了一个名字：苦瓜。

苦瓜上了北方人的餐桌，还有一个原因，就是它被赋予了保健功能，良药苦口利于病，这菜因为苦，所以被食客寄予各种期望。但也有些人怵头苦，想法子把苦味去掉，倒是舍弃了精华。

苦瓜的吃法多种多样，我个人认为，南方的“酿”做法，当属上乘。苦瓜切段，去瓤，把肉、豆腐等等各种调好的馅料塞入苦瓜段内，码盘上屉蒸熟，即成。当然，只要吃得惯，不管是何种做法，苦瓜都是夏天当季的好菜。

苦瓜除了有各种利于健康的价值之外，还有一个奇妙之处，就是“不以己苦传他物”。苦瓜无论和什么食材配伍，只有它是苦的，不会将苦味传给其他食材，所以有“菜中君子”“君子菜”的美誉。“不以己苦传他物”，是谓“君子之德”；“清热降火、降血糖”等功效，是谓“君子之功”。

苦，亦有道。